镇江百年创业人物传奇

镇江市创业就业工作领导小组 编

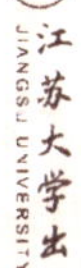

镇江

图书在版编目(CIP)数据

镇江百年创业人物传奇 / 镇江市创业就业工作领导小组编. — 镇江 ：江苏大学出版社，2018.12
ISBN 978-7-5684-1006-9

Ⅰ. ①镇… Ⅱ. ①镇… Ⅲ. ①企业家—列传—镇江—近现代 Ⅳ. ①K825.3

中国版本图书馆 CIP 数据核字(2018)第 275984 号

镇江百年创业人物传奇

Zhenjiang Bainian Chuangye Renwu Chuanqi

编　　者/镇江市创业就业工作领导小组
责任编辑/周凯婷
出版发行/江苏大学出版社
地　　址/江苏省镇江市梦溪园巷 30 号(邮编：212003)
电　　话/0511-84446464(传真)
网　　址/http://press.ujs.edu.cn
排　　版/镇江市江东印刷有限责任公司
印　　刷/镇江市江东印刷有限责任公司
开　　本/718 mm×1 000 mm　1/16
印　　张/16.75
字　　数/200 千字
版　　次/2018 年 12 月第 1 版　2018 年 12 月第 1 次印刷
书　　号/ISBN 978-7-5684-1006-9
定　　价/45.00 元

如有印装质量问题请与本社营销部联系(电话:0511-84440882)

序

追寻镇江百年创业的精神源泉

美国历史学家费维恺·利维认为，中国近代企业史上不存在企业家精神。我到镇江工作一年多来，深深感到镇江不仅是历史文化旅游名城，更是一座创新创业名城。回顾镇江近代史，诞生了大纶丝厂、合兴面粉厂、大照电灯公司、镇江造纸厂等一批民族企业，涌现出陈光甫、郭礼征、陆小波等众多创业先驱。虽然斗转星移、沧海桑田，但他们的创业精神早已融入城市的基因，成为镇江最宝贵的精神财富。

本书选取了现近代以来46位与镇江相关的创业人物，再现了他们艰苦创业、负重前行的奋斗历程，展示了他们实业报国、造福乡梓的历史担当。其中既有陈光甫、胡笔江等金融家，也有束云章、徐静仁等实业家，还有刘鹗、柳谷书等创新人物。追寻他们创业的足迹，我们恍然发现，镇江创业精神植根于城市厚重的文化土壤，在传承中绽放出新的生机。

坚守实业是近代创业者显著的精神特征。他们把实业报国看作拯救国家命运的希望之举。郭礼征克服重重困难，创办了省内首家公用电厂——大照电灯公司，30 年时间累计发电超过 1.1 亿千瓦，培养了一批管理技术人才；张怿伯创办“无敌牌”蛤油和蚊香，打破了日本品牌的垄断，面对日本人的威逼利诱，仍不放弃实业；严惠宇一手打造大东烟厂，提出“中国人吸中国烟”的口号……百折不挠是他们留给后世最重要的精神瑰宝。

勇于创新是近代创业者强大的内生动力。这些创业者大多历尽艰辛磨难，但始终勇于冒险、敢为人先。被誉为“中国摩根”的陈光甫，将现代经营理念和管理制度引入中国银行业，首倡“一元开户”，开办零存整取、零存零取等新兴业务，20 余年便把全国最小的银行发展成为数一数二的私营大银行。吕凤章筹建酒精厂，聘请留德化学博士杨毓桢，创新生产工艺，提高酒精产出效率。巴玉藻、茅以升、杨其源，攻克了一个个技术难关，书写了近代中国科技史的新篇章。

家国情怀是近代创业者核心的价值追求。他们把奉献社会、造福大众作为矢志追求，从造桥修路到捐资助学，从兴办学校到热衷慈善，在推动工业化的同时，有力促进了城市化和现代化。柳氏兄弟的同善堂，从开设粥厂、散米散钱开始，扩展到育婴、施药、济贫等各个方面，成为镇江善举的“总汇之所”。冷遹的黄墟农村改进试验区、陆小波的江南印书馆、凌焕曾的敏成学校……

“达则兼济天下”的传统美德在历史的深处熠熠生辉。

当前，经济社会发展进入新时代，镇江正以“产业强市”战略为指引，奋力推进高质量发展。相信这些创业人物的奋斗历程，必将激励镇江人民在创新创业进程中阔步前行，共同开创“强富美高”新镇江的崭新局面！

是为序。

作者系镇江市委副书记、市长

目录

序　追寻镇江百年创业的精神源泉 | 001

第一章　金融巨子

“中国的摩根” 陈光甫 | 002
老资格的银行家倪远甫 | 012
金融界 “黑马” 胡笔江 | 018
一把洋伞打天下的银行家唐寿民 | 026
从船民中走出的银行家徐国懋 | 032
代人受过的银行家吴蕴斋 | 038
留洋回来的银行家赵棣华 | 044

第二章　创业名人

"工业巨子" 束云章 | 052
上海实业界的知名人士徐静仁 | 056
清末民初的糖业大王黄静泉 | 064
大照电灯公司的创始人郭鸿诒 | 070
辛亥将领中的实业家冷遹 | 076
实业救国的践行者严惠宇 | 082
乐善好施的商会会长陆小波 | 086
记录日军暴行的实业家张怿伯 | 094
清末民初的丝绸大户陶氏家族 | 098
实业行善的领跑者柳氏兄弟 | 104
懂管理的实业家吕凤章 | 110
华侨中的巨商马聘三 | 114
民国轮船业风云人物杨瑞祥 | 122
"南通大厦" 的掌钱人吴寄尘 | 128
上海的纺织业名家胥仰南 | 134

热心公益的实业家杨麟 | 138
镇江南门绸布店走出去的九江巨商金浩如 | 142
“唐老一正膏”的八世传人唐棣 | 148
镇江商界的实力人物朱中孚 | 152
百年恒顺的创始人朱兆怀 | 156
守业创业的能手李皋宇　李友芳 | 162
火柴巨商邵尔康 | 168
教育救国的实业家凌焕曾 | 174
诗文俱佳的儒商于树深 | 178
丹徒酒业大户李雨春　李培田 | 182
捐钱造普济轮的李锡纯 | 186
资格最老的商会会长吴泽民 | 190
外交家改行的实业家许沅 | 194
宴春酒楼与蒋铭山 | 200
制药与味精大王姚俊之 | 204
上海滩上的“纸老虎”吴慎裕 | 208

第三章　创新人物

民族工商业的先行者刘鹗 | 214
中国第一架飞机的设计者巴玉藻 | 218
改良主义的代言人马建忠 | 222
“中国桥梁之父” 茅以升 | 228
“中国的爱迪生” 杨其源 | 234
知识产权事业的创始人柳谷书 | 240
中国航空发动机之父吴大观 | 244
中国现代冶金之父周志宏 | 250

后　记 | 255

第一章

陈光甫

『中国的摩根』

在旧中国金融界，上海商业储蓄银行总经理陈光甫是一位极富个性的人物，也是最具影响力的银行家之一。短短 20 余年，他把一家全国最小的银行发展成为国内数一数二的私营大银行，创造了中国金融史上无数个“第一”和“之最”，被时人公认为国内银钱业“四大名旦”之一，也被后人誉为“旧中国最成功的银行家”，被外国人尊称为“中国的摩根”。

陈光甫（1881—1976），原名辉祖，后改辉德，又名陈秉缓，字光甫，以字行，1881 年 12 月 17 日出生于江苏镇江。幼读私塾，12 岁时他到汉口报关行当学徒，刻苦钻研业务，努力学习英文，18 岁时考入汉口海关邮政局。1908 年，因表现出众，他得到官费津贴，赴美国宾夕法尼亚大学商学院学习。1910 年取得了美国宾夕法尼亚大学商学院学士学位回国。回国后任江苏巡抚程德全的英文秘书。

陈光甫

陈光甫是个有志气、有理想的人，他决心用在美国学到的知识报效祖国。他认为中国贫穷落后的原因是民族工业发展迟缓，就建议程德全在南京举办物产博览会，以开拓国人眼界，促进中外之间的贸易往来和民族工商业的发展。程德全采纳了他的建议，并由两江总督端方奏请朝廷举办南洋劝业会。端方的奏折根据陈祺的建议，而陈祺的建议是依据陈光甫为他起草的《圣路易博览会考察报告》。南洋劝业会获得举办后，陈祺担任实际筹备之责的坐办，于是他邀请陈光甫担任事务所外事科的负责人，掌管外宾接待工作。

一上任，陈光甫就忙得不可开交，预展的产品约 60 万件，每件都要制作中英文的标识，英文部分需外事科一一审订，译错或者译得不准的很多，须加以改正。此外，为了使参观的外宾能充分了解博览会，尚需准备各种英文资料，所以从早忙到晚，工作异常辛苦。可陈光甫毫无怨言。1910年，轰动一时的南洋劝业会在南京正式开幕，分设农产、医药、工艺、武备、美术及其他各馆，内容丰富，前所未有，历时6个月，受到各方重视。

南洋劝业会的成功举办，让陈光甫有了展示才华的机会，程德全也对他刮目相看，予以重任，任命他为江苏省银行总经理。陈光甫在任期间，建议将江苏银行从南京迁址上海，主要业务是把各地的税收集中起来，除供政府开支外，还把清朝遗留下来的“庚子赔款”中摊派给江苏的部分按时解交给受赔国指定的外商银行。当时外商银行对华商银行普遍存在偏见，除现银外，拒不受理华商银钱业的票据。陈光甫对这种公然歧视华商银行的做法极为不满，提出参加外国银行票据交换组织的要求，起初未被接受，后来他采用了暂停解交赔款的办法，迫使外商银行就范。江苏银行成为第一个参与外商银行票据交换的华商银行，陈光甫因此深受同行钦佩。

陈光甫还大胆对江苏银行进行改革。他革除当铺的作风，提倡“对物的信用观念”，实施“对物的信用”放款，获得了顾客的好评。他从银行的会议制度着手，简化流程，减少弊端，对旧钱庄的会计制度进行改革，聘请在外商银行服务的中国人，引进新式的记账制度，聘用外籍会计师为查账员，半年清查一次，公布结果，加强了江苏银行在同行中的信用。他还建立了一种行员进行制度，为青年行员特设讲习所，以国文、英文、簿记及商业地理为必修课程。经此讲习所培训，许多人成了他事业的好帮手。

陈光甫也尝试使用美国银行业的经营理念，希望办成有部分独立经营权的新式商业银行，给江苏银行带来了崭新的风气。但袁世凯上台后，派亲信控制江苏银行，把银行变成他的“财政部”。陈光甫感到难以施展才华，更无法实现用金融扶持民族实业的理想，愤然辞职。后来，他又谢绝了中国银行的邀请，决心自创基业，这是陈光甫事业的转折点。

在上海滩创办银行决非一件容易的事，这里大小银行林立，还有不少外商银行，要想在这样的环境下新建银行非常困难。陈光甫个人又无多少资本，但他敢想、敢干，有计谋，有手段。他紧紧依靠中国银行上海分行副经理张公权和浙江银行上海分行副经理李馥荪两个志同道合的伙伴，群策群力，展开筹资工作，又因李馥荪的推荐，结识了金融界的大投资商庄得之，获得至关重要的合作伙伴，使得上海商业储蓄银行（简称“上海银行”）得以开张。

1915 年 6 月 2 日，陈光甫在上海宁波路 9 号创办了上海商业储蓄银行，号称资本 10 万元，实则才 7 万多元，银行职员只有 7 人，被人称为“小小银行”。股东有 7 人，庄得之投资 2.5 万元，是最大的股东，任董事长。陈光甫的股份最少，只有 0.5 万元，但由于他是首倡者和发起人，且精明能干，被任命为总经理。他踌躇满志，克服艰难险阻。虽身为总经理，仍亲自跑街，拉存款、搞放贷。到当年年底，上海银行开业仅半年，资本便翻了一番。孙中山、宋子文之母都成了上海银行的股东，存款量达到 57 万元。

上海银行发展迅猛，第二年资本已经增至 30 万元。到 1937 年，仅仅经过 20 多年，资本即达 500 万元，公积金 760 万元，存款总额逾 3 亿元，有全国分支行 119 处，行员 2000 余人，成为首屈一指的私营大银行。陈光甫因此傲立民国金融界，并与同时期的张振勋、梁士诒和宋子文一起被誉为“中国四摩根”。但严格来说，张氏为实业家、梁和宋是专业政客，而陈光甫才是真正意义上的银行家。他长期被推举为上海银行公会会长，成为上海金融界的领袖。

上海商业储蓄银行

陈光甫能在金融界闯出一片天地，不是偶然的。他在经营上有自己的特点，既敢于创新，又务实稳健，这是一般银行家难以达到的境界。他有胆略，但在作风上三思而后行；他恪守行训，但在经营上灵活多样；他高瞻远瞩，但在做法上不忘从小处着眼；他有崇洋思想，但在具体实践中反对照抄照搬，坚持走适合中国国情的金融业发展道路；他首倡“一元开户”，开办零存整取、整存零取、存本付息、定活两便等新型储蓄业务，为上海银行长期赢得了中下型储户；他把服务延伸到学校，为银行的长远发展奠定了基础；他以诚信为本，牢牢抓住一些长期储户；他敢于与外商大银行抗争，在世界许多地方设立汇兑点；他知人善任，注重智力投资，把选择和培养人才作为第一要务，将部分高级职员送到美国留学，并分批招收高中学生，开办行员训练班，培养骨干。上海银行人才多、素质高，是业内人士公认的。

陈光甫办银行，注重一个“稳”字，决不做无把握的放款。他虽提倡“物的信用”，但也不忽略人的信用。相反，他为了掌握人的信用状况，有一套独特的制度，对于中大型储户由高级行员分别掌握。不断注意了解用户的经营变化情况，稍有不稳，即采取相应的对策，将风险降低到最小。

陈光甫对自己严格要求，率先垂范。为了鞭策自己和督促行员，他编撰了《陈光甫言行集》分发给行员。为了增进上下级的感情，他把每个周四定为与普通职员共进午餐日，这样，普通职员随时可以向他提出好的建议。在上海银行里，银行职工可以享受较高的福利待遇，并拥有银行股份，“大家都是老板，银行兴衰，人人有份”，这激发了银行职工工作的积极性和爱行如家的热情，把“银行是我，我是银行”变成每一个职工的行为准则。

陈光甫办银行有强烈的使命感。他认为“欲得工商业的发展，更要先进健全之金融机关不可”。上海银行把扶持民族实业作为义不容辞的责任，并把这一点订为行训。张謇在南通办实业得到了上海银行的强力支持；荣氏集团的申新纱厂和福新面粉厂，也是上海银行投放的贷款最多。抗战前，上海银行的工业放款占贷款总额的1/3，最高时曾达40%，远远高于其他银行。

在扶持工商业的同时，陈光甫又把目光转向农村。为了活跃农业经济，避免农民受高利贷盘剥，他专门邀请了著名农业专家邹秉文担任银行副总经理，主管农贷。通过发挥邹秉文的特长，指导农民组织生产运销合作社，范围遍及豫、陕、冀、鲁、鄂、苏、皖等省。当时上海银行为合作社发放的贷款多达300万元，还联合交通、浙兴、金城等银行组织农业贷款银团，扩大贷款范围。陈光甫把办理农业贷款列为他办银行的一件大事，填补了中国银行史上的一项空白。

陈光甫创办的银行具有自由市场色彩，在上海，以及香港、台湾的银行界，都有口皆碑。他毕业于宾夕法尼亚州立大学沃顿财政学院，满脑子都是银行的自由发展，以及对政府干预银行经营的深恶痛绝。回国后他做的第一件事，就是将他主持的江苏省银行从南京搬迁到了上海，目的只有一个，就是避免江苏地方政府的干扰。这几乎是对传统官商结合体制的一次挑战，引起了江苏省政府官员的集体反对。陈光甫宁愿辞去经理职务，也不向传统官商结合体制低头，并用全面创办上海银行的新举动来回击旧体制的束缚。凭借陈光甫的才华，上海银行的发展可谓一帆风顺，很快就成为当时中国最成功的私人银行。一直到今天，这家银行的制度设计和经营模式，都是中国现代银行业经营方法的一个范本。

在中国现代银行业发展史上，陈光甫的意义可谓重大。他是将现代经营、管理方法和制度引入中国银行的先驱。从“黄金时代”开始，一直到1949年，上海银行的发展都是大气象。80多个分行的网点建设，在当时无出其右。上海银行是一家真正意义上的大银行框架，除了经营储蓄业务外，还开展工业、商业、农业全方位的贷款，经营外汇业务。

陈光甫还提出“抵制国际经济侵略”，并把它列入行训之中。他极力扶持那些与洋人争长斗短的中国产业资本家，设立国外汇兑部，与外国大银行争生意，并逐步把外汇业务发展到有海关的各地分行，以后又扩展到英、法、德、美、日、荷、比等国。陈光甫曾这样指示行员：“我们经营外汇，决不投机，我行多做一笔外汇生意，外汇银行就少做一笔外汇生意，我行前进一步，就迫使外商银行后退一步。”以此与外商银行展开竞争。

陈光甫一生最大成就在金融，但他在其他方面也取得了不俗的成绩。陈光甫是中国旅游事业的创始人。1923 年，他率先创办上海银行旅行部，后更名为中国旅行社，这是中国成立最早的旅行社。他还在镇江市东坞街长康钱庄内设中国旅行社镇江分社。

虽然创立旅行社后的 8 年时间内，旅行社一直处于亏损之中。但陈光甫力排众议，坚持将旅行社办下去，用他自己的话说："旅行社之目的，在于挽回中国之权利，并不在于牟利。""重点在于服务。"当时英国的"通济隆"和美国的"运通"银行相继在中国经营国内外旅游事业，陈光甫认为这是中国人的耻辱。他要用自己的努力来回击帝国主义的"经济侵略"。

中国旅行社创办之初经营代买火车票、轮船客票等业务，其后办理行李托运、接送旅客、开办宾馆和大小招待所，组织各地名胜古迹的导游，出版旅行杂志，并由上海银行配合发行旅行支票，这在中国都是开天辟地的。

1933 年，中国旅行社开始开展国际联运业务。据说，当时宋子文在美国的声望不及陈光甫，其中一个原因就是陈光甫办旅行社有方，美国人来华，都对旅行社的竭诚服务有深刻印象。同样，在为普通旅客服务上，陈光甫也殚精竭虑。他认为，旅行社不仅要接待上等客人，也要帮助一般旅客解决吃饭、睡觉、等车等困难，让他们感到舒适方便。这种服务民众的思想，在那个时代应该说是非常难能可贵的。在服务和开拓精神的指引下，中国旅行社的业务获得巨大发展，成为旧中国最大的旅行服务企业。

陈光甫的其他创新点还有不少。例如，他创办了中国第一信用保险公司，专门办理商业信贷及其他信用担保的保险，这是中国的第一家，也是当时唯一一家信用保险公司。

抗战之初，陈光甫又独资成立了大业贸易公司、新记工程公司。1940 年前后，他又创办了上川实业公司。抗战胜利后，他联合美商在美创建中美信托投资公司、世界贸易公司。这些公司的高级职员多数由上海银行选派。1946—1947 年，他还与美国公司合资成立了中国投资公司、纽约通信处、华懋保险公司、中国工厂拓展公司。至此，陈光甫实际上已将上海银行发展成为一个含金融、保险、贸易、实业的跨国大财团，他也成为名副其实的“中国的摩根”。

作为一个银行家，陈光甫只想干一番事业，他厌恶政治，向往自由资本主义的社会环境。从上海银行成立开始，他便把“敬远官僚，亲交商人”作为座右铭。但是，当大革命的洪流激荡中国时，他又无法与政治绝缘。1927 年，陈光甫成为专门为蒋介石筹集军费的“江苏兼上海财政委员会”的主任委员。他积极筹款，希望蒋介石能结束军阀割据的局面，同时平息工人运动。1929 年，他受国民党的委托，以资方代表的身份出席国际劳工大会，后又出席万国商会。

1933 年，陈光甫出任全国经济委员会棉业统制委员会主任委员；1936 年代表国民政府赴美签订《白银协定》；1938 年洽订《桐油借款协定》，同年任第一届国民参政会参政员；1939 年完成“云南锡业借款”；1940 年，成为中美英平准基金委员会主席；1945 年日本投降后，他主持外汇平准基金委员会的工作；1947 年，他被选为国民党立法委员。陈光甫给自己规定了一条不从政的原则，“虚衔尚可、实职不做”，当蒋介石要他担任财政部长时，他拒不接受。在国事多变之际，他仍很重视上海银行，并将它牢牢控制在手里。

1949 年上海解放前夕，陈光甫赴曼谷参加联合国远东经济会议，出国未归，后移居香港。到香港后，他预料美国政府会冻结中国内地企业在美的存款，于是将美国的存款全部转到上海银行香港分行户内。同时把上海银行香港分行改名为上海商业银行。

晚年，陈光甫接受家人的建议，迁居台北。1954 年，他在台北设立上海银行总管理处，他未任任何职务，因为这一缘故，引起蒋介石的不满，到 1965 年才准许其在台北营业。1976 年 7 月 1 日陈光甫在台北谢世，享年 96 岁。

人物启迪

陈光甫能独自一人闯上海，成为中国金融界的巨头，不是偶然的，这离不开他艰辛的努力和超人的智慧。其中，“服务社会，我图远功”是他创业的志向，创造性地推出了“一元开户”的储蓄制度，聚沙成塔成大业；“诚信为本，重视信用”是他业务的指南，他大力提倡“对物信用”来代替“对人信用”开银行业先河；“培训选拔，现代管理”是他立于不败之地的根本保证，他大胆选拔人才，实行现代人事管理，首创现代银行制度，促进了民国实业的发展，成为民国工商业的一面旗帜。更可贵的是，他在国家危亡之际以金融才干报效国家，获得“中国的摩根”的赞誉。

倪远甫

老资格的银行家

倪远甫，江苏镇江人。其先人在宿迁经营钱庄业务，是当地少数与北京等地实现通汇的票号之一。倪远甫少年有才，喜欢交游，考中举人后，遇社会大变革，就开始把精力转向金融业。为此，他来到了京城，广交朋友，四处铺路。后来，到了大清银行下属的支行任职，渐渐地在银行业中崭露头角。

在大清银行任职期间，他结识了两个重要的人物，并与他们成为至交。一个名叫吴鼎昌，是清末民初的风云人物。吴鼎昌，字达铨，笔名前溪，原籍浙江吴兴（今浙江省湖州市吴兴区），1903 年 4 月获四川官费留学日本，入东京高等商业学校，其间，加入中国同盟会。1910 年回国，执教于北京法政学堂。后任中日合办本溪湖铁矿局总办、江西大清银行总办。1912 年以后，历任中国银行正监督、袁世凯造币厂监督、中国银行总裁、天津金城银行董事长、盐业银行总经理、内政部次长兼天津造币厂厂长等。

倪远甫

另一个名叫岳乾斋，是在保护文物上为国家做过大贡献的人。岳乾斋，本名岳龙，北京人。他曾是天津庆善金店的二掌柜，从事金银首饰买进卖出的生意。由此，他结识了许多靠变卖家产过活的八旗子弟。据说，他对落魄的王孙贵族极为同情，有人拿东西来抵押，他总是开价比别人高，所以极有人缘。

岳乾斋和溥仪的老丈人荣源曾合股开了一家房地产公司，名为荣业房地产公司，二人关系非同一般。溥仪为了偿还各种债务，并换取日后生活费，曾一次向盐业银行抵押借款 80 万银圆。抵押品中不但有各种玉器、瓷器、古籍，还有册封皇太后、皇后的金册、金宝箱、金宝塔和金编钟。其中，16 个金编钟作价 40 万元，其余物品作价 40 万元。

溥仪在《我的前半生》中提到这次大抵押时说："只这后一笔的 40 万元抵押来说，就等于是把金宝金册等十成金的东西当荒金折价卖，其余的则完全白送。”在盐业银行与清皇室内务府签订的借款合同上可以看到，借款 80 万元，利息每百元按月给息 1 元，借期一年，如到期不能偿还，则以抵押品变售作价抵还本利。合同下方的签章人是代表清室的郑孝胥、绍英、耆龄和溥仪的老丈人荣源；另一方则是北京盐业银行的经理岳乾斋。新中国成立后，这些收藏在盐业银行的宝物都回到了故宫。

倪远甫效力的盐业银行由袁世凯表弟、张伯驹之父、久任长芦盐运使的张镇芳创办。成立时，张镇芳自任经理。清末时张曾任盐运使，民国初曾任河南督军、总统府顾问。原由盐务署拨给官款，实行官商合办，经收全部盐税收入，并“得代理国库金的一部分”。袁世凯病死后，盐务署不拨官款，改为商办，成立时实收资本 125 万元，1925 年增至 650 万元，1933 年增至 750 万元。1917 年张镇芳因参与张勋复辟而被捕，总经理改由当时任天津造币厂厂长的吴鼎昌担任。这时，倪远甫已担任盐业银行上海分行经理，岳乾斋担任北京分行经理，三人掌握了盐业银行的大权。那时，金城银行、盐业银行、中南银行、大陆银行是享誉全国的中资银行，金融辐射功能遍及长江以北，合称“北四行”。

倪远甫是盐业银行上海分行的创始人，他负责了该行的筹办事宜。他首先在上海北京路江西路口银行业集中的地块，购地新建行址。1931 年，盐业大楼落成，这是一座高七层的钢筋混凝土、板、柱结构的大楼，具有折中主义风格，细部的处理带文艺复兴特色，现为上海市文物保护单位。盐业大楼开张后，业务很快地扩展开来。当时，上海的银行业为了加强团结，共谋发展，决定成立上海银行同业公会，最有实力的“北四行”和浙江兴业银行、浙江实业银行、上海商业银行（即“南三行”）均加入了公会。

由于盐业银行的实力和倪远甫在当时金融业的元老资格，倪远甫本人被推选为上海银行同业公会的会长，并连任了四届。身居高位后，倪远甫不免表现出高身价的作风，不思进取，坐等顾客上门，业务平平。以后“北四行”联合发行中南银行钞票，成立四行联合准备库和四行储蓄会后，业务有所增加，但仍然属于坐享其成。倪远甫的经营理念远不及陈光甫，缺乏“顾客是上帝”的远见。

举一事为例：每当倪远甫的生日，虽然他照常到行办公，该行也照常营业，但全行职工均须按资排辈分批到经理室为他祝寿，当天由银行安排中面晚酒，招待全行职工。与银行来往密切的顾客，也投其所好，都来参加。大有银行是我、我即银行之意。后来，倪远甫自己买卖公债不顺手，又在本行内开户透支，其威信不免受到影响。

国民党发动内战后，不断失败，导致华北时局紧张，盐业银行北京总部迁到上海，由王绍贤主持工作。王绍贤原来是北京分行的助理，地位远不如倪远甫。倪远甫自感难居其下，辞去了上海分行经理的职务。新中国成立以后，他归隐于镇江市仙鹤巷的住宅内，与外界甚少接触。

倪远甫任上海分行经理期间，虽无显著的成绩，但就其主持上海银行同业公会会长之职时，能顺应时代的发展、助力推进上海金融自由港建设来说，还是有较大贡献的。

1918 年，上海银行公会成立，这是一个主要由银行家组成的非政府组织，发起单位达 12 家银行，可谓占据上海银行业半壁江山，在全国也是声名远播。7 年之后，也就是 1925 年，公会会员单位增加到了 24 家，规模扩大了整整一倍。这表明，在上海银行公会的历届会长和董事的倡导下，现代银行理念和市场竞争秩序已经形成共识，中国现代银行业的发展真正走出官商结合的桎梏，进入了市场自由竞争的时代。

上海银行公会的内部管理秩序，始终守住了非政府组织典型意义上的民主选举制度，这在整个“黄金时代”，成为其他社会自治机构的民主选举的范本之一。资料记载，1918—1926 年，这个民间自治的组织一直保持着非常稳健的格局，很大的原因在于，董事会的核心成员一直都是由会员选举和再选举而来，从来没有出现过一次由某个有影响力的人指定董事的现象发生。其中，孙元方和倪远甫曾连任四届公会会长，宋汉章、陈光甫、李铭担任过三届，钱永铭出任过两届。这些人基本上都是在上海出任中国银行上海分行、交通银行上海分行、盐业银行上海分行等大型全国性银行的总经理。这些人在银行业的声望增强了上海银行公会这个民间自治组织的博弈能力，使上海的银行分支机构普遍拥有了非常大的自治权利，为上海的银行分支机构按照市场的自由秩序来开展业务，提供了强大的制度保障。

上海银行业同业公会联合准备委员会职员证章

正是看到了这种民间自治组织的巨大效用，上海银行公会几乎所有的董事和历届的会长，都完全站在自由市场这一边，一直拒绝来自北京的大政府主义干预，也拒绝来自中心银行机构对上海金融市场的行政干预。由此，“黄金时代”的上海，或多或少具有某种金融自由港口的诸多特征。

人物启迪

倪远甫继承家业，适应变化，是中国最先从钱庄业务向现代金融业转化的代表人物之一。他善于结交助推事业发展的朋友，创办盐业银行上海分行，享誉上海滩。成为上海银行业同业公会会长后，他顺应形势发展，为推动上海金融自由港建设做出了贡献。但因其创业成功后，过于计较个人得失，强调论资排辈，阻碍了事业的发展，非常可惜。

胡笔江

金融界『黑马』

在民国金融界，高级职员大多都是喝过洋墨水的人，求职时也常需出示留洋经历的证明。即时各大银行的董事长或总经理通常是留学生出身，如金城银行的周作民、大陆银行的谈荔孙、盐业银行的吴鼎昌等，均为清一色的留日生。唯独中南银行的胡笔江例外，他是钱庄学徒出身，只读过几年私塾。但胡笔江天分很高、个性也强，为人有心计，胆大心细，巧于周旋，其个人魅力一点儿也不比那些洋学生差。在最风光的时候，他身兼中南银行总经理及交通银行董事长两大要职，堪称民国银行界里一匹不折不扣的“黑马”。

胡笔江（1881—1938），近现代金融家、实业家，本名胡筠，以字行，江都人，祖籍镇江。其父为镇江某钱庄店员，家境小康。他 16 岁到泰县姜堰镇一家小钱庄当学徒。学徒期满后，进了扬州仙女庙镇的义善源钱庄做店员。

胡笔江

义善源钱庄是李瀚章（李鸿章的大哥，曾任两广总督）的二公子李经楚开办的，他做过江南的盐巡道，还出使过英法等国，官至邮传部左丞，来头不小。1907 年邮传部所属交通银行创办时，李经楚因为有钱庄的经历和官员的身份，担任了第一任总经理，可谓有权有势。李经楚身处高位，普通店员胡笔江无缘得见。可他抓住机会结识了李家九少爷李经淮，这为他进入银行界开了绿灯。有一次，李经淮去南京游山玩水，胡笔江在朋友的引荐下充当导游，一路上把李家九少爷哄得十分开心。事后，李经淮把他叫到北京，先让他在公益银行当职员，后又安排他进入交通银行北京分行。

胡笔江青年时代勤学苦练，蔚然成才。他用羊毫书写的书信，字迹挺拔，极似苏欧之体，殊为可爱。一手漂亮的字也为他日后被上司器重加分。

一个偶然的机会，时任邮传部大臣兼交通银行总经理的梁士诒来到交通银行北京分行，当时银行已下班，灯火寥寥下，只有胡笔江还在勤奋工作。梁士诒见后，把胡笔江叫到跟前询问行中事宜。突然见到“大老板”，胡笔江没有惊慌失措，反而对答如流，对银行业务的陈述十分清晰。梁士诒对他的印象极佳，产生了收为己用的念头。

此后，梁士诒官运亨通，而胡笔江也跟着水涨船高。梁士诒升为总统府秘书长后，为袁世凯处理政务的同时也兼理财政。在他的提拔下，胡笔江一路高升，先从交通银行调查员升为总行稽核，接着升为北京分行副经理。1914 年，胡笔江又当上了交通银行北京分行经理。

重任在肩后，胡笔江干得非常出色。他大力拓展业务，北京分行营业额增长迅猛，令同行大吃一惊，他也更为梁士诒器重。在梁士诒看来，胡笔江头脑清楚，忠实可靠。而胡笔江随伺梁士诒左右，多方献计献策，深得梁士诒的信任，梁士诒把他看成自己理财的左右手，大凡财政方面的要事都交给他去操办。据说，袁世凯称帝时，各地报效的钱款达数百万元，这些费用都由梁士诒转交给胡笔江，让他代为打理，他也管理得井井有条，为袁世凯的“登基”提供了财源。

1916 年，北京政局动荡，银行业受到冲击。胡笔江辞去交通银行职务，挟资前往上海发展。1919 年，印尼华侨富商黄奕柱回国抵沪创办金融事业。黄奕柱资力雄厚，但对国内情况生疏，对开办银行更是门外汉，也没有什么政治背景，于是通过史量才结识了既了解国内政局又精通银行业务的胡笔江，与他合作创办银行。

黄奕柱原拟单独出资 1000 万元，后听取了胡笔江的意见，改为招股合资 2000 万元，开业时先收 500 万元，由黄奕柱认股

70%，即350万元，其余由胡笔江招股。胡笔江与史量才等多人都参与投资。

因为银行由中国金融、工商界人士和南洋华侨合营，故命名“中南银行”。中南银行本归侨资银行之列，然而成为“北四行”的成员，与胡笔江和盐业、金城、大陆三家银行总经理都较熟稔有关系。中南银行创办时的规模和起点都比较高，在当时的商业资本银行中颇具影响力。

1921年6月5日，中南银行召开创立会，黄奕柱为该行董事长，胡笔江为总经理，7月5日正式开张。总行设于上海汉口路110号。1924年经股东会决议增资250万元，合计资本达750万元，分设天津分行及北京办事处、厦门分行及鼓浪屿办事处。胡笔江以高薪聘用英籍雇员，在银行界率先开办对外汇兑业务。此后，中南银行在胡笔江的筹划下，分别在汉口、广州、南京、杭州、苏州、无锡、重庆、香港等地增设分行、支行。

中南银行与其他银行比有一个明显的优势，因系归侨投资为主，银行开业后，很快被北洋政府批准获得钞票发行权，名义上为中南银行钞券。发行钞票的好处是可以帮助银行降低成本，筹措资金，增加银行的活力。但此举亦有风险，必须准确把握好钞票发行量，如果发行量过大，就可能引起挤兑风潮，导致银行的资金运转困难，严重的会直接导致银行

中南银行创立时的合影

倒闭。中南银行决定采取比较稳妥而可行的方法，联合盐业、金城和大陆银行成立四行联合营业事务所，又筹建了四行准备库，制定了“十足准备”的发钞原则，联合发行中南银行钞票。这样增加了抵御风险的能力，是中国商业银行史上的一个创举。

中南银行又与金城银行合办诚孚信托公司，通过诚孚信托公司对工厂进行管理，成功地使几家濒临破产的企业恢复了生机，如天津的恒源纱厂、北洋纱厂和上海的新裕纱厂。这三家老企业由于内部经营管理不善和外部日资及日本侵华政策的制约而负债累累，无法经营，中南、金城等银行发放的贷款无法收回，如果听任其破产，则两家银行也会因此蒙受巨大的损失。

为了尽可能地减少损失，挽救这几家纱厂，中南、金城等银行通过诚孚信托公司聘请专家对这几家纱厂进行了全面评估，确认其并非无药可救。随后，又通过聘请有管理纱厂经验的专家任厂长，对纱厂进行一系列的整顿，如充实熟练女工、完善各项规章制度、调整机器、加强管理等，提高了生产效率，产量日增，业务情况有了好转，实现了扭亏为赢。工厂非但没有破产、倒闭，反而焕发了生机，还清了贷款，走上了良性发展的轨道。不仅如此，中南银行通过这样的实践，也逐步积累了银行资本渗透到企业资本以后如何进行有效管理的经验。以后，中南银行还独资兴办了上海德丰毛纺厂。

1921 年，盐业、金城、中南三家银行成立联合营业事务所，次年，大陆银行又加入其中，成为四行联合营业事务所。联营的目的是厚集资本，互通声气，借以提高信誉，扩展业务，而不仅是抵御发行钞票的风险。联营的基金为 200 万元，由中南银行出资 100 万元，盐业、金城各出资 50 万元。

联营的范围以不侵害各行各自的营业为限，四行之间的关系是宽松的、平等的，“营业既各不牵涉，合作也不受束缚”。联营初期只做些联合放款，以后随着四行之间的协调能力加强，逐渐增加联营项目，谋求共同发展。虽然客观上说，这只是一种层次较低的联营方式，联营范围不大，但它毕竟是旧中国银行业中的第一个，也是唯一的一个联营组织。

四家银行建立四行联合准备库后，准备库的账完全独立，并建立严格的稽核制度。四行联合准备库认真执行“信誉第一”的守则，中南银行的钞券曾发行到 7228 万元的高额，一直信用良好，没有发生过挤兑风潮。到 1923 年 6 月，又开办了四行储蓄会，由四行各出资 25 万元作为基本储金，实行保本保息，如有盈余，除提业务费用外，按一定比例给储户分红。这个办法吸引了大量存户，1934 年时存款总额达到 9223 万元，这在民国金融业成立的储蓄会中是很少有的。

此后，1931 年设立了四行企业部和调查部，更加密切了四行之间的业务联系。1936 年设立了四行信托部。四行企业部的主要营业范围是生产事业或社会事业的抵押与直接经营，资金除由四行储蓄会筹拨外，随时由四行供给。

1931 年四行拟筹建大楼，即由企业部负责办理。当时四行资金有余，需找投资出路，上海租界的房地产就成为投资热门。1933 年前后，四行储蓄会在上海派克路（今黄河路）买进地产，耗资 500 万元，建筑 24 层大楼，当时被称为“远东第一大厦”，名曰“国际饭店”。

胡笔江对四行的联合营业做出了贡献，他在四行联合准备库和四行储蓄会内均担任总监之职。他积极经营，吸纳资金，投资地产证券，使业务扶摇直上，信用上升。他领军的中南银行业务也发展迅速，到 20 世纪 30 年代初，存款总额已跃居私营银行的第三四位，资金运用侧重于工业投资与放款，特别是对纺织工业的投放款较多。

自1932年起，胡笔江开始跨业发展，把振兴工商业作为己任。他和友人在镇江创办了蚕丝和桐油的专门学校，以培养工商人才，又陆续投资即将被日商挤垮的溥益和民生纱厂，聘用专家帮助厂方解决技术问题，整顿财务管理，使两厂生产复苏，恢复了正常的运营能力，扶持了民族工商业的发展。

1933年，上海交通银行改组，胡笔江接任该行董事长，着手准备国防财政和战时经济，把流动资产分散到各地交通银行分行。1935年，中国建设银行联合中国、交通、金城、上海等银行，投资成立中国棉业公司。宋子文任董事长，胡笔江兼任常务董事，并任新华、金城等银行董事。

胡笔江是镇江人于立三的女婿，他常归镇探亲，还在镇江创办了元康钱庄，利用自设的钱庄，协助中南银行增加钞票发行量，同时，在钱庄训练和培养中南银行的后继办事人员。当时，社会上金融流通是银本位，每天行情，即银价合银圆价，每日牌价行、市不同。而镇江是钱庄重镇，也是银价行市重要所在地，在镇江办钱庄，有利于收集金融行情。

元康钱庄位于西坞街，资本6万元，前后三进二层楼，前二进楼下是营业间和经理室，楼上有胡笔江卧室和宴会厅。经理于蕴轩，副经理朱清泉，上街徐秉钧，内账张留侯，外账吴杰民，银房张丙然，有办事员和练习生30余人。

元康钱庄开业后，业务进出，得心应手，每年终均有盈余。经理于蕴轩重视培养人才，常告诫员工要照胡笔江的话去做好业务，学会写文章，写一手好字，为上调上海中南银行做准备，他还从扬州聘请老师专门授课。每年元康钱庄均有优秀员工上调中南银行服务。

抗日战争全面爆发后，胡笔江将交通银行的资金和业务转至香港、重庆和昆明等地，支持抗战，并积极协助当局筹划抗战经费。

1938 年 8 月 24 日，胡笔江应国民政府财政部电邀，从香港乘“桂林号”飞机赴重庆，欲商讨筹款购买飞机事宜。在广东中山县（原香山县）上空突遭日军飞机袭击，坠落于唐家湾海中，与同机的上海银行家徐新六等 18 位乘客同时遇难。

胡笔江遇难后，国民政府主席林森发布褒奖令，追认他为烈士。毛泽东、朱德、彭德怀皆送了花圈挽联，在挽联中称其为“金融巨子”。蒋介石得悉，电唁家属，称他为“金融硕彦，劳绩卓然”。

汉口市商会银行业公会在武汉总商会召开了隆重的追悼会，中共代表董必武前往吊唁。在香港追悼会上，宋子文主祭，并致挽联：“忠于事、恕于人，血性论交，常披肝胆肺腑至诚以相见；敌之仇、国之宝，奇才招忌，竟历刀兵水火诸劫而成仁。”

人物启迪

胡笔江是中国金融业的一匹“黑马”。他打破了民国银行界“唯文凭是举”的惯例，通过自身的努力学习和勤奋工作，赢得了上司的重视，获得了展示自己才能的机会。在担任交通银行北京分行经理后，他并没有不思进取，而是更加勤奋。后辞职到上海发展，创办中南银行，率先在银行界开创对外汇兑业务，又联合盐业、金城、大陆银行成立四行联合营业事业所，筹建了当时号称“远东第一大厦”的四行营业大楼，又投资扶持民族工商业的发展。尤其在抗战时期，他筹划经费支持抗战，乃至献出生命的举动，值得后人尊敬。

唐寿民

一把洋伞打天下的银行家

在民国时期的“江浙财团”中，唐寿民是一个重要人物。他担任过交通银行总经理和中央造币厂厂长等职，是20世纪30年代上海滩上赫赫有名的大银行家之一。

唐寿民（1892—1974），本名唐保恒，以字行，江苏镇江人，出生在谏壁镇。他14岁到芜湖德泰钱庄当学徒，后随父在南洋劝业会当会计。1909年，两江总督端方创办南洋劝业会，唐寿民参加了南洋劝业会的接待工作，担任收支员，留美归来的陈光甫出任外事科长。两个镇江老乡见面，自然是分外热情，从此结下了友谊。

辛亥革命时，唐寿民和陈光甫在创办新式银行方面意气相投，都愿意投入银行界干一番大事业，于是他们共同向程德全建议，创办江苏银行。以裕宁和裕苏两钱局的资产作为出资，成立了江苏银行（刚开始叫“江苏兴业银行”），程德全自任总办，邀请

唐寿民

陈光甫出任帮办，唐寿民出任银行司库。江苏银行初期注册资本100万元，享有发行纸币200万元的特权。

1912年元旦，江苏银行正式开业，接着又在南京、苏州、无锡、镇江、南通等地开设分行。其中，江苏银行南京分行于1912年10月开业，地址在奇望街（今建康路），经营汇兑、存放款，兼理省金库，下设办事处，职员30人，是江苏银行中最大的分支行。江苏银行改组后，唐寿民见银行的经营模式逐渐趋于保守，与他们现代化银行的管理理念有别，于是离开了江苏银行，转入中国银行和常州商业银行。

1915年，陈光甫在宁波路创办了上海商业储蓄银行，他深知唐寿民的管理能力，两人又有同乡之谊，于是便邀请他担任总行副经理兼汉口分行经理。在此期间，唐寿民的理财能力得到了发挥，他协助北伐军筹措经费，为时任广州革命政府财政部长的宋子文筹措了100万元，并与其结下了深厚的情谊。同时，汉口分行的各项业务也顺利开展，在当地的银行界影响很大，唐寿民也被汉口的同行认可，成为同业的佼佼者。因此，在汉口银行公会选举时，他被选为会长。1927年，唐寿民出任华侨出资创办的国华银行总经理，不久，他又与孔祥熙等创办中国国货银行，任常务董事。

1928年交通银行改组后，唐寿民担任交通银行上海分行经理、上海造币厂厂长、交通银行常务董事及总经理、大通煤矿董事长、上海银行公会常务委员、上海银行联合准备库常务委员、上海银行票据交换所常务委员等职，成为银行界的风云人物。

唐寿民以精明强悍、敢作敢为著称。20世纪30年代初，荣氏家族以新建的申新七厂资产作抵押在英国汇丰银行贷款300万元，一年后贷款到期，因遭遇长江水灾和受世界经济危机影响，一时还不出钱，荣家愿意先付利息和部分本金，希望予以延期。几经协商，汇丰银行毫不留情，执意要将申新七厂予以拍卖还款，以打击华商企业。当时，荣氏家族已在长期往来的中国银行和上海银行积累了巨额贷款，不能再去开口。荣宗敬被逼得走投无路，找到交通银行行长唐寿民，并告之实情，请他帮忙。唐寿民派人了解情况后，告诉荣宗敬，荣家企业资产不虚，交行愿意帮荣氏渡过难关，不仅愿意发放荣家欠汇丰银行的贷款，而且对其他各行不愿续做的贷款，也愿意接手来做，挽救了荣氏家族。

唐寿民到交通银行后，仍然与陈光甫保持着深厚的友谊。1931年，由于长江水灾，上海银行汉口分行遭受巨大损失。经过杜月笙背后策划，上海媒体大量报道，引发了前所未有的挤兑风潮。在上海银行生死存亡的关头，担任交通银行总经理的唐寿民，与中国银行联手，果断出手救援，帮助上海银行度过了危机。因为这件事，唐寿民得罪了宋子文，受到了责难。多年来，宋子文一直在找机会，企图吞并实力雄厚、经营一流的上海银行，唐寿民和中国银行对上海银行的救援，使宋子文失去了一次绝佳机会。从此，他对唐寿民不那么信任了。

唐寿民的好汉性格、爽朗作风，是他成功的基础，但任性过度，也必然给他带来失败和挫折。当时的中国实业银行是上海一家有影响力的私人银行，拥有钞票发行权，但不知什么原因得罪了交通银行总经理唐寿民。唐寿民交代银行员工实施报复，把交通银行收到的中国实业银行钞票全部积存起来，达到一定数额后，用卡车拉着钞票去兑现现银。交通银行一带头，不明就里的其他储户也一起挤兑，把中国实业银行整得措手不及。中国实业银行弄清原委以后，知道是唐寿民作为，急忙请人出来说情，请他手下留情，才算收场了事。

1932 年“一·二八”事变爆发，蔡廷锴、蒋光鼐率领十九路在上海奋起抗日，上海各界纷纷捐钱捐物。由于十九路军与蒋介石有矛盾，不敢将财物交给国民政府控制的银行打理，他们选择国华银行为十九路军全面理财。以后，十九路军从上海撤出，又在福建省建立与蒋介石对立的人民政府，唐寿民为十九路军理财，无形中得罪了蒋介石。蒋介石略施小计，修改了交行的董事会章程，将总经理唐寿民降为在董事长领导下的二把手，剥夺了他的实权。

抗日战争全面爆发后，唐寿民去了香港。1941 年年底，日军攻占香港，正在组织印刷、运输钞票的交通银行总经理唐寿民被困在了香港。他临危不乱，命令员工把所有印好的钞票打洞、切角、销毁，避免了一场冲及全国的金融巨祸。他在化装成搬运工人准备逃出香港时，被日军识破逮捕。

让唐寿民感到失望和愤怒的是，在香港沦陷前夕，国民党中央曾经派来飞机，秘密把滞留香港的重要人士接走了，其中包括与他同在香港的交通银行董事长钱新之，而他事先一点儿也不知情。他感到自己对国民党有重大贡献，而在这个关键时刻，却被无情地抛弃了，由此产生了对国民党的痛恨。在香港被看押的四个月里，他曾试图跳楼自杀，结束眼前的屈辱生活，但被看守的日本士兵发现，自杀未成。押送到上海后，他经不住老朋友周佛海的拉拢引诱，最终出任伪职，走上了背叛国家民族的歧途。

1943 年，唐寿民担任汪伪政权全国商业统制委员会的理事长。1945 年，他又担任汪伪中央储备银行参事会参事、参事会主席。

当了汉奸后，唐寿民也试图表达自己的清白。他在伪交通银行的行徽上全部刻上了“清白人心”，并在行内设立了“调查统计室”，专门搜集日军情报，秘密提供给军统潜伏人员，以此与重庆政府建立密切联系；同时利用他掌握物资统配的权力，通过潘汉年的秘密渠道为新四军提供战时紧缺物资。但这些立功行为也难弥补他的罪行，抗战胜利后，他被以汉奸罪判处无期徒刑，上诉后改判有期徒刑八年。

1949 年年初，受了三年多牢狱之苦的唐寿民被提前释放。他的朋友买好机票请他去香港居住，但遭到了他的拒绝。他说：“国民党早就抛弃了我，要不是他们失败，我还在坐他们的牢。他们失败我高兴还来不及，我为什么跟他们走。”为此他留在了内地。

1953 年，唐寿民因汉奸罪由上海市人民法院判处有期徒刑十年，缓刑两年，缓刑期间又改为管制。

唐寿民人在上海，仍关心家乡的发展，对镇江的经济社会建设十分支持。在冷御秋倡议建设伯先公园、发起成立镇江四益蚕种场和民国期间镇江最重要的社会公益项目——绍宗藏书楼委员会中，他都襄助其事。新中国成立后，他先后多次向镇江博物馆捐赠文物，共计 948 件之多。其中一幅明代早期人物画代表作《谢环杏园雅集图手卷》（副本藏于美国纽约大都会博物馆），为国家一级文物，现为镇江博物馆镇馆之宝之一。在镇江市图书馆的馆藏中，也有他捐赠的书籍。

1974 年，82 岁的唐寿民在上海病逝，走完了起伏曲折的一生。

人物启迪

唐寿民从小在社会底层闯荡，养成了天不怕地不怕的好汉性格，是个另类的银行家。他为人意气风发，敢作敢为，从来没有多少条条框框的束缚，这是他人生成功的基础，使他在民国银行业成为不可忽视的大人物；也是他人生失败的原因。他任性，不能处理好人际关系，一旦碰到风浪，就要付出代价。“一失足成千古恨”，抗战时期的歧途所为，让他成了社会的罪人。如果唐寿民没有得罪那么多朋友，关键时候有人拉他一把，如果他在香港纵身一跃跳楼自杀，没有被日军抓住，唐寿民的人生可能是另一种路径。但人生并没有如果。路，都是自己走的。

徐国懋

从船民中走出的银行家

上海解放前，市政府位于江西中路汉口路西南角。离此不远，有一座高耸入云的金城银行大楼。这是一幢经历时代风雨的银灰色现代建筑。天天自驾小汽车来此运筹帷幄的，就是风度翩翩的总经理徐国懋。他是中国金融界的资深学者、经营管理专家。

徐国懋（1906—1994），出生在镇江新河街。有兄弟姐妹8人，父亲徐瑞杰经营一条驳船为生，收入微薄，家境清贫。尽管生活负担很重，父亲还是把他送入当时由基督教会办的润州中学读书。徐国懋自幼刻苦学习，凭着勤奋顽强的拼搏精神半工半读，完成了中学、大学的学业。

1928年，他以优异的成绩毕业于南京金陵大学文学系，获文学学士学位，并留校任英文讲师。一年后，在同校教授贝德士的帮助下，他申请并获得美国约翰霍普金斯大学奖学金，赴美进

徐国懋

入该校学习，攻读政治学，仅用三年时间便取得了博士学位。留美期间，他在美国国会图书馆兼职，以工资所得弥补学习和生活费用。1932 年夏，徐国懋完成了在美国的学业，带着约翰霍普金斯大学的博士学位回到祖国。他的博士论文《关于在中国的租借地和租界的收回问题》彰显了他对祖国强盛的期盼与自信。

“九一八”事变发生第二年，吴贻芳校长函邀徐国懋回金陵任教。他义无反顾，肩负着“为国育才”的大愿归来。之后，他又兼任南京中央政治学校英文教授，并开始接触政界名流，被当时刚成立的全国经济委员会秘书长秦汾相中，转而担任该会秘书兼专员室主任。因在与中外专家联络协调中初露锋芒，他又被大银行家、金城银行董事长兼总经理周作民延揽。1936 年，正在全国经济委员会负责国际技术合作业务的徐国懋接受金城银行董事长周作民的邀请，出任金城银行汉口分行副经理，开始了他作为中国现代银行家的人生跋涉。

“七七”事变后，徐国懋作为“金城”管理层的青年才俊，出任金城银行重庆管理区副经理和重庆分行经理。他结识了民族实业家范旭东、卢作孚，与他们联手攻克时艰，闯出了金融募资与实业开发相结合的新路，为救亡图存和民族振兴办了不少实事。

在徐国懋的主持下，金城银行重庆分行全力以赴，支持大后方建设。他自己也担任了不少企业的职务，如民生实业公司董事、重庆缆车公司董事等。他利用自己曾在美国留学的优势，广泛联系国际友人支持中国的抗战，曾兼任美国教会援华委员会主席、全国大学生救济委员会主席等职，吸收了美国援华机构的大批款项，支持大后方建设。他组织了 90 万元巨资，支持了大成酒精厂的建设，生产出大量的酒精，代替石油，成为大后方急需的汽车燃料。他本人亦出任该厂的常务董事。

上海金城银行大厦

抗战胜利后，徐国懋把在重庆分行任职期间积累的 200 多万元美金全部留下，出任金城银行上海分行行长。1949 年，上海解放前夕，汤恩伯胁迫他去台湾，而他巧妙地携全家去了香港。到香港后，陈诚又专门派人到香港请他到台湾，遭到他的拒绝。

上海解放后，章士钊、黄绍竑受周恩来总理委托，前往香港联系解放前由沪赴港的一些工商界知名人士，动员他们回来参加新中国的建设事业，召开了几次座谈会，转达了周恩来总理的期望，阐明党的政策。章、黄的讲话亲切感人，对徐触动很大。同时金城银行在港召开董事会，认为在各地的金城银行需要有人照管，周作民提出不再兼任总经理一职，升任徐国懋为金城银行总经理，获董事会一致通过，决定由徐国懋回沪主持金城业务。

1949 年秋，徐国懋赴北京，作为第一个经过动员回到新中国的银行家，他受到周恩来总理和中国人民银行南汉宸行长的亲切接见。抵达北京的翌日晚 7 时，周总理在怀仁堂约见徐国懋，欢迎他从香港回来，说新中国非常需要金融家，并鼓励他为新中国的金融事业贡献力量。总理还询问了银行界的情况和一些朋友的近况，徐国懋一一做了回答。

周总理还和徐国懋谈了当时的形势，说当前是在搞新民主主义革命，需要一个较长的时间，在这段时间里，民族工商业还是要发展的，还是有前途的；并嘱咐徐国懋把这些情况写信告诉在香港的朋友，争取他们早日回归。临走时，周总理送徐国懋到怀仁堂门口上车，挥手告别。

徐国懋回到上海后，拜会了潘汉年等市政府领导，潘汉年副市长表示欢迎徐国懋回上海，来为繁荣上海的金融事业出谋划策。他还请徐国懋写信给尚滞留香港的周作民，转达问候，希望周作民也能早日回到上海来。

徐国懋到上海后，接任了金城银行总经理一职，开始进行人事上的安排，以便适应新形势的需要。他一边对金城银行进行整顿，一边积极接受社会主义改造，促成金城银行实现公私合营。

金城银行内部

上海公私合营银行成立后，徐国懋任副总经理兼董事会常务董事，还担任过中国银行董事、交通银行和上海投资信托公司常务董事、杭州浙江投资信托公司董事、上海爱建金融公司董事等职，又兼任人民银行金融研究室主任。在此期间，他曾主持编写出版了几本金融史料的书籍，其中《上海钱庄史料》出版后受到社会的欢迎，被认为是研究中国钱庄发展史的重要著作。另一本《金城银行史料》是金城银行前所未有的史料汇集，有很大的学术价值。这两本书的出版，受到学术界很高的评价。

徐国懋还是一个社会活动家，担任过上海市政协常委兼秘书长、民革上海市委副主委、民革中央常务委员、全国政协委员、全国红十字会执行理事、全国基督教青年协会会长。1994 年 8 月，徐国懋因心脏病发作在上海逝世，享年 88 岁。

人物启迪

徐国懋是中国金融界的资深学者和管理专家。他立志报国，肩负着“为国育才”的大愿，跨入银行业以后，充分展示了自己的才能，闯出了一条金融募资和实业开放相结合的新路，为民族振兴、支持工商业发展做了许多实事。新中国成立后，他是第一个经过动员回到新中国的银行家，在促成金城银行实现公私合营方面发挥了积极作用。

吴蕴斋

代人受过的银行家

镇江人善于理财，闻名遐迩，有“无镇不成庄”之誉，意思是没有镇江人，钱庄是开不起来的，可见镇江人影响着钱庄业的兴衰发展。旧时，上海、江浙的钱庄业形成了4个重要帮别，即镇江帮、宁波帮、绍兴帮、洞庭山（苏州）帮。而且镇江出过不少著名的金融界人物，如上海金融界极具知名度的银行家倪远甫、陈光甫、吴蕴斋，均是镇江人。

吴蕴斋（1886—1955），出生于镇江名门大族。城隍山脚下的吴家大院，除有宽宏华丽的住宅外，还建有宗祠，由吴氏后代轮流当值管理。他早年留学日本早稻田大学，获得商学学士学位，回国后先在北京政府农商部任参事。1917年，他受在日本留学时的同学周作民邀请，共同发起成立金城银行，并出任上海分行经理。

1922年7月11日，大陆银行加入盐业银行、金城银行和中

金城银行总行

南银行共同组成的三行联合营业事务所，三行联营扩大为四行联营。同年9月7日，四行的总经理们在原《三行联合营业规约》的基础上，修订了《四行联合营业规约》，明确了联合营业事业分为联合准备事宜、联合储蓄事宜、联合投资事宜及联合调查事宜，并先后成立了四行准备库、四行储蓄会、四行信托部和四行调查部等机构组织。

1924年8月，吴蕴斋分析上海的存户有四种类型：（一）资本家；（二）寓公；（三）中级社会；（四）商铺往来，他提出要把第三种作为重点潜在客户来对待，“第三种则零星极大，约现在各银行储蓄存款多是此类”。上海拥有众多中下层群体，社会中层是主要以职员、知识阶层为主的白领阶层。据调查，20世纪20年代复旦大学各科职员月薪40元~60元，主任100元。1927年中小学教师月薪平均41.9元，邮务生28元，中英文打字员月薪也在 20 元~100 元。对照 20 世纪 20 年代上海市民五口之家的消费水平以月需 66 元为中等，30 元为中等以下档次，可以估出新式职业群体一般可维持中等水平的小康生活。

吴蕴斋要求上海分行对第三种有可能成为定期储金及长期储金的潜在客户提供针对性服务。在他的主持下，上海分行不仅存款放款增长迅速，而且业务不断创新，尤其是减轻了农民高利贷负担。上海分行参与到当时正在全国兴起的农业合作金业务，开办了农业贷款，以后又联合交通、浙江兴业银行组成农业贷款银团，以河南、陕西棉农为对象，以县为单位组成农民合作社，实行棉花种植、加工、运输、销售一条龙服务，使两省农民效益成倍增加。

1926 年落成的上海银行公会新大楼

1924 年 9 月，上海市银行商业同业公会改选，吴蕴斋当选为董事。1925 年 6 月，张寿镛慷慨捐资 3000 元，资助圣约翰大学“六三”离校师生筹办光华大学，并担任筹备会会长。学校成立校董会，推请王省三、朱吟江、余日章、赵晋卿、张寿镛、吴蕴斋、黄炎培、虞洽卿等为校董。1927 年 2 月经会员大会决议，银行同业公会改委员制，选举 11 人为第一届执委，吴蕴斋当选执委。

1927 年 6 月 25 日，吴蕴斋、王延松、王汉良、陆文韶、陈翊庭、严谔声、虞洽卿、王晓籁、冯少山、叶惠钧、朱吟江等 11 人被委任为上海商民协会筹备委员。1931 年 10 月，银行公会改名银行学会，吴蕴斋当选常委。1927 年，他当选上海市商业联合会总务委员；1930 年 6 月，他当选上海市商会候补监察委员。1933 年 10 月，上海市兴业信托社成立，吴蕴斋为常务董事。1935 年，他任上海圣心护士学校董事。1936 年，中汇银行与江浙银行合并，钱新之、唐寿民、陈光甫、吴启鼎、吴蕴斋等银行界巨擘均为中汇董事。1939 年，吴蕴斋被聘为中华职业教育社上海办事处辅导委员会委员。

吴蕴斋对当时国内蓬勃发展的现代运输业极为重视，曾以独特的远见和魄力，支持四川卢作孚的民生航运公司和上海大中华造船厂发展，使这两家企业成为中国民族工商业的典范。到抗战前夕，上海分行已成为金城分行资产最多和最重要的分行。

抗战全面爆发后，日军占领上海。陈公博、周佛海、梅思平等人曾多次劝说周作民担任商统会主席，都被他婉拒。只是他答应由金城银行上海分行的经理吴蕴斋出任商统会理事，并且代表他主持金城银行的业务活动。这样，吴蕴斋成为上海银行公会的代理会长和金城银行协理兼上海分行行长，成为沦陷区上海最重要的金融界领袖。

1941 年，日本海军部派吴蕴斋任新闻报报馆董事长，李思浩任社长。吴蕴斋任上海金城银行经理时，曾与钱新之、史量才等集资承买上海新闻报馆，故被选为董事长。同时他还兼任天厨味精厂董事长。

1942 年 9 月，吴蕴斋为世界书局股份有限公司股东；上海商业保险股份有限公司成立，吴蕴斋出任董事长。同年，东吴法学院决定采用原英文名“中国比较法学院”作学校中文名，设立院务委员会，推举吴蕴斋任院长（一说称“校务主席”），由鄂森代表院长主持校务。

1945 年 10 月，吴蕴斋以汉奸罪被捕，明眼人都明白，他是代替周作民入狱的。根据周作民的日记，周作民、徐国懋等曾与吴蕴斋商议此事，并劝说吴蕴斋先期离职。据说之后吴蕴斋有一段时期躲在杭州，听到有法院逮捕他的消息，觉得与其被人逮捕，不如投案自首，或可从轻发落，就回到上海向法院投案。

吴蕴斋被法院拘留后，其妻要周作民营救，周作民一方面为了洗脱自己的汉奸嫌疑，一方面为了给吴蕴斋一个交代而四处奔走，花了不少精力和财力，积极营救吴蕴斋。其间，周作民邀集军政界、金融界友人联名具保，且多次督促钱新之、张群、吴鼎昌、戴笠等为其努力设法向蒋介石进言。在吴蕴斋接受司法审判前后，周作民又延请章士钊等著名律师，希望能免除罪名或减轻判罚。为此，周作民花了 22 万元美金，160 多根金条。

吴蕴斋在新中国成立前夕被释放出狱。他秘密去了香港，从此深居简出，远离红尘，以念佛诵经度日，于 1955 年离世。

金城银行定期存单

人物启迪

吴蕴斋是民国期间上海滩一个著名的银行家。他精通银行业务，利用金城银行上海分行的平台，积极支持运输业的发展，显示出过人的魄力和胆识，为民生航运公司和上海大中华造船厂成为中国民族工业的典范做出了贡献。但在抗战中，他没有站稳立场，在大是大非问题上出错，没有过多的考虑就接受了银行老板周作民的任务，担任伪职，走上了歧路，受到了严厉的惩罚。

赵棣华

留洋回来的银行家

赵棣华（1895—1950），又名同连，生于淮阴，祖籍镇江。他在金陵大学毕业后赴美国伊利诺大学深造，又转入西北大学商学系获经济学硕士学位。曾先后任教于东南大学及国民党中央党务学校，并在此期间加入中国国民党。

赵棣华在美国留学期间，与国民党的重要人物陈立夫相识。陈立夫回国后担任了蒋介石的秘书。有一次，国民党在经营方面出现了问题，陈立夫找赵棣华帮忙，以国民党中央的名义向美国借款。赵棣华在美留学期间与美国“钢铁大王”之子是同学，两人私交甚好。“钢铁大王”之子在赵棣华回国时向他承诺，有困难可以找他，定当尽力相助。

赵棣华接受陈立夫的请托后，给这位同学写了一封信，希望他帮忙。不久，赵棣华便收到同学的汇款，并因两人情谊借款不收利息，不定归还日期，更不要担保。赵棣华将这笔巨款交给陈

赵棣华

立夫后，陈立夫非常感动，表示将应付的每月约三四千元利息交给赵棣华。赵棣华认为为国家做事是自己应尽的义务，拒绝了这笔高额利息。陈立夫因此事加深了对他的好感。

1929 年 4 月，陈立夫出任国民党中央党部秘书长。他发现秘书处管理的财务账目非常混乱，十分恼火。这时，他想到了赵棣华，便把他调到国民党中央党部秘书处负责财务和总务管理工作。赵棣华上任后，很快理清了账目，又建立了一整套财务管理规章制度和实施细则，使秘书处的财务和总务管理走上了正轨。

陈果夫担任中央华侨捐款保管委员会主任委员后，考虑到赵棣华出色的办事和理财能力，请他兼任该委员会秘书，当自己的助手。在此期间，赵棣华主持了北伐战争国民党阵亡将士公墓、国民党中央大会堂、飞机制造厂、南京自来水厂、南京中山路等一批国民党定都南京后的重要基础建设工程，表现出卓越的管理才能，得到一片赞扬。国民党元老们评介他“有能力且廉洁，是不可多得的理财好手”。

1930 年，国民政府成立主计处，赵棣华担任主计官，不久又任会计局局长。任职期间，他立志创新，大胆改革，着力建立和推行全国统一的政府会计制度，制定颁发了一批全国统一的会计制度，并修订了预算法、会计法、决算法等法律法规，成为中国现代会计制度的开拓奠基者。

1933 年，陈果夫出任江苏省政府主席，赵棣华被任命为江苏省财政厅厅长，兼任江苏省农民银行总经理，被赋予重任。他不辜负陈果夫的信任，尽心尽责。他在理财上有三件事最为人称道：一是建立制度，使江苏财政管理现代化；二是除弊革新，减轻人民负担；三是协助建设，加快发展的步伐。

赵棣华在任省财政厅厅长期间，发起成立了江苏农村金融委员会，在全省普遍推行成立农村合作社，筹建农业仓库，并办理抵押、保管、加工、运输等助力农村经济发展的业务，极大地推动了江苏农村经济的发展和农民生活水平的提高。

赵棣华所倡导的农村合作社推行三年后，开始初见成效。江苏全省县乡财政的状况明显好转，出现了结余，成为全国财政管理的典范。以后，国民党 CC 系以此为蓝本，成立了全国农村合作社，建立了中国农民银行和中国农民银行中央合作金库，成为推动当时全国农村经济发展的重要制度。

赵棣华在江苏省农民银行任总经理时，也把农民银行办得有声有色，把为江苏的农民谋福利作为重要的工作目标。那时，农民银行的发展迅速，江苏各县都设立了农民银行分行，有的大县还不止一行，全省有 80 多家分行。重要的乡镇均设立了办事处，深入农村，直接为农民服务。同时，农民银行还代理省县金库，有意增加农民银行实力，使其充分发挥效力。又广设农仓，方便农民储藏农产品，建农仓300多所。

赵棣华也是中国近现代金融业人才教育的奠基者。1937年6月，他联合江苏银行和江苏农民银行，创建了中国历史上首家银行专科学校，以培养金融界基本人才为目的，校址就在镇江的登云山。学校向社会公开招生，录取学生百人，修业期限限定为两年。他亲自兼任校长，为培养金融人才尽心尽力。

抗日战争全面爆发后，赵棣华负责筹建并主持第三战区经济委员会。他再一次显示出超群的工作能力，把个人的安危放在脑后，一切为战区经济服务。他制定了“调整生产，促进贸易，储备物资，加强运输，调节金融，严密缉私”的经济工作纲要，又组建了贸易委员会、合作委员会、五省（苏、皖、赣、浙、闽）通汇处、水陆联运处等机构，保证战区的军粮供应、金融稳定，战区经济持续发展，为抗战胜利做出了贡献。到抗战结束时，他领导的第三战区如数缴还国库拨给的事业基金一千万元，还上交盈余资金225万元和大批物资。

1942年，赵棣华任交通银行代总经理。到任后，他自任设计处长，重视调查研究，根据新形势的要求，重点设计战时和复员后如何发展交通及其他工业。他主抓了三件事：一是组织了蜀余公司，把四川的盐运输到湘、鄂、滇、黔等省，解决百姓食盐缺乏的大问题；二是办理工厂添购机器保值存款，为复员后兴办工业打下了基础；三是复员后在台湾筹备中本、台北两家纺织厂，主张发展工业先从纺织业入手。

赵棣华为交通银行制定了“增加生产、发展工业、保障人民生活”的办行方针，利用金融杠杆，扶持经济发展，在纺织、机电、冶矿、农村、金融诸方面，有针对性地开展交行服务业务。

他还组织推出了工厂购置机器专项基金保值存款业务，接受业务的企业约定，交行将保证给予相应的生产贷款资金，为迁川工厂迅速恢复生产提供了资金保障。

在民生方面，他以交行信托部出面，投资组建企业公司，将川盐运到湘、鄂、滇、黔等缺盐的省份，然后将这些省份的土产运回四川，使得大后方的人民生活必需品得到了保障。交行还支持发展广播新闻事业，当时全国由交行直接或间接扶助的广播电台有 200 多家，新闻报纸有 300 多家。

抗战胜利后，赵棣华兼任镇江旅沪同乡会理事长、镇属五县旅沪同乡会征求总队长。他积极支持在外地的同乡回镇江创办实业，鼓励他们有钱的出钱，有力的出力，为复兴家乡做贡献。1947 年，他当选国民大会代表。

赵棣华是一位杰出的银行家。抗战期间，周恩来曾和他同乘一艘长江轮，讨论过当时的经济政治形势。赵棣华的见识给周恩来留下了深刻印象。中华人民共和国成立后，周恩来曾请第一个归来的镇江籍银行家徐国懋转告赵棣华，希望他能回来参加新中国建设。但此时赵棣华已经随交通银行去了台湾，任董事长兼总经理。

赵棣华到台湾后，还利用从祖国大陆带过去的设备创办了两家纺织厂，任命其子赵耀东为经理。在其言传身教下，赵耀东快速成长，不仅办好了两家纺织厂，还成为 20 世纪七八十年代推动台湾地区经济起飞的一位领军人物。1971 年，赵耀东创办了台湾“中钢”公司，并用不到 10 年的时间，将其发展成世界第八大钢厂。同时，赵耀东还为台湾地区培养了大批经济实用型人才。现在台湾经济界的领军人物萧万长、江炳坤都是由赵耀东发现并提拔任用的杰出人物。

1950 年秋，赵棣华赴法国出席国际货币基金会议。12 月病逝于美国纽约。

人物启迪

赵棣华是一个杰出的银行家和管理者。他留给后人的精神财富主要有三点。一是他的廉洁奉公。他为国做事，放弃个人利益也在所不惜。二是他的管理才干。他精通业务，是银行理财方面的能手。尤其在江苏省农民银行总经理的职位上，把江苏农民银行办出了特色，在国内有很大的影响。同时，他还是民国金融业人才教育培训的先导者。三是他的报国热情。他全身心投入抗战，为战区经济发展、军粮供应、金融稳定、恢复生产做出了贡献。

第二章

束云章

『工业巨子』

在民国，束云章是一个响当当的人物。他平生信守孙中山“要立志做大事，不要立志做大官”的训导，坚持“公诚勤敏”的处世原则，“在任何时代，任何环境下，都保持自己的人格，从不攀权附贵……身上看不到一点市侩习气”。“货殖风云 60 年”，被称为“工业巨子”“一个在中国实业界颇有影响的人物”。

束云章（1887—1973），名士方，字云章，以字行，镇江丹阳人。他的父亲束允泰是个读书人，担任过浙江余杭、桐乡、钱塘的知县。束云章是其第八个儿子。

清末，束云章考入上海南洋公学。1905 年考入京师大学堂，毕业后开始执教，担任陕西西安三秦大学留学预备科教习，两年后归乡。1915 年，经其姐夫金还推荐，他考入中国银行，开始在银行业中谋求发展。由于他勤勉供职，办事干练，深得上司器重。1925 年，他升任汉口中国银行副经理兼郑州支行经理。当时，

束云章

河南、湖北在军阀控制之下，兵荒马乱，他在危难之际受命，不负重托，艰难维系，保证了正常的开门营业。他调任天津中国银行副经理后，坚持投资农村，贷款工厂，扶持农工生产，又创办合作社，举办水利合作贷款，推广改良棉种等，开创了银行直接服务于农工生产的先河，受到卞白眉的赏识和支持。

1930 年前后，束云章的理财能力开始充分展现。他利用在天津中国银行的地位和信誉，实施“吸收存款必须先放贷”，在华北各省大量发放贷款，先后扶植天津宝成纱厂、河南卫辉华新纱厂，以及山西晋华、晋生、雍裕等纱厂，挽救了晋、豫、冀等省的许多企业，被企业界的老板称为“束八爷”。

北伐战争以后，穆藕初创办的郑州豫丰纱厂因经营不善，连年亏损，行将倒闭。纱厂欠了中国银行很多债务。束云章认为，如果任其破产，则贷款只能收回二三成，只有让中国银行投资接办，才是上策。为了妥善处理此事，他经过认真的调查研究和冷静的思考，拟订了接管办法和继续投资50万银两的建议，得到上海中国银行总经理宋汉章的赞同，并委托束云章负责接管主办，令其兼任该厂总经理。束云章接管后，果断出手，先以合理价格收购各地新品种棉花，防止棉商杀价，又抵制英、日纱厂指使棉商抢购垄断，保护民族工业。到1936年，豫丰纱厂扭亏为盈，走上良性发展的轨道。

1937年，抗日战争全面爆发，束云章奉命驻郑州，代表总行主持华北各支行的撤退事宜。他将豫丰纱厂迁至重庆后，又在合川设立分厂。1940年，束云章任西安中国银行经理，并在宝鸡创办了雍兴公司，下设机械、纺织、面粉、毛织、化工、制革、印刷、打包等厂。为解决能源，自行发电；为解决运输，自办汽车公司；并自制酒精，以代替当时奇缺昂贵的汽油。他为抗日前线提供了大量物资，也为发展西北工业培育了许多人才。

1945年抗战胜利后，国民党行政院长宋子文聘请束云章为中国纺织事业管理委员会主任委员和中国纺织建设公司总经理，负责接收日本在华的100多家纺织工厂。束云章克服重重困难，打开了局面。他在上海设总公司，在青岛、天津、沈阳等地设分公司，迅速展开修复及整顿调配工作，时经年余，各地纱厂均正常运转。这时，中纺公司拥有大规模工厂86所，各地营业机构30余处，职员6000余人，工人80000余人。中纺公司下设工务、业务、财务、总务4个处，还组织一个常年巡回检查团到各地检查。束云章以“公诚勤勉”4字与同事共勉。

束云章对公益事业非常热心，经常动员工商界救灾、劳军、奖学、济贫等。他十分关心家乡建设，是丹阳棉纺织厂和练湖农场的创始人。1942年，他在重庆受乡人之请，到家乡丹阳办工业。

他在就任中纺公司总经理时，经国民党财政部长和中国银行总经理孔祥熙同意，拟在丹阳办纱厂。由中国银行上海、南京、天津、西安4个分行和雍兴公司各出资1000万元，暂定集股资本。

1946年春，束云章决定在丹阳北门外征地300亩，建3万纱锭的丹阳纱厂，名为“丹阳纱厂股份有限公司”，束云章任董事长兼常务董事。4月始建，第一批从美国进口的1万枚纱锭于1947年5月安装完毕，进行试车，后生产丹凤牌棉纱。

束云章在筹建丹阳纱厂的同时，又筹集资金，设立丹阳农村经济建设协会，从事优良种子、化学肥料的无息贷款，指导种植技术，进行水利灌溉设计等。1947年5月，他主持练湖浚垦委员会，筹募黄金1000两，作为建设练湖的经费。1948年，练湖农场、渔场、水站、苗圃先后建成，灌溉农田6万余亩。乡民为感激束云章做的好事，特将湖中新建之桥，命名为“云章桥”。

1949年年初，束云章去台湾，被聘为中纺公司董事长。他相继筹建了中纺台湾纺织厂、益民织布厂、嘉新水泥厂等；出任台湾中纺公司、雍兴公司、中国纺织印染工业贸易公司、景美制衣公司等诸多大公司董事长，对台湾工业经济的发展贡献良多。1973年12月15日，束云章病故于台北寓所，享年88岁。

人物启迪

束云章是民国实业界的一个风云人物，被称为“工业巨子”。尤其在纺织业，他是一个标准性的顶尖人物。务实勤敏，一步一个脚印的实干精神，把他推向了更高的创业平台。无论是经营银行，还是创办实业，他都能迎难而上，干出成效，把管理的实业做大做强。他思维敏捷，审时度势，在把握中国纺织业的发展方向上，起到了引领带头作用。他对家乡的公益事业也非常热心，是创业成功后支持家乡经济社会发展的典型代表。

徐静仁

上海实业界的知名人士

徐静仁（1871—1948），名国安，字静仁，后以字行，当涂县佳山乡（今属马鞍山市）东湖村人。他自幼敏识过人，勤奋好学。19 岁入庠为秀才。因家境贫寒，弃学前往镇江随父谋生。当时他的父亲在镇江小街做木匠。他还有两个姐姐，一个嫁到南通，一个嫁给镇江高资林家。时值清朝末年，朝廷腐败，外患严重。徐静仁慨然有济世之志，自策励于经济有用之略，经常往来于一水之隔的盐业重镇扬州与镇江之间，结识了不少盐业界魁首。成年后即在苏北从事制盐和销盐，由于经营得力，逐渐在实业界崭露头角。

那时，淮盐产地分淮北、淮南两个区域。淮北盐区主要包括济南、板浦、中正、临兴等 4 个盐场，以济南场最大，它位于苏北灌云与涟水的交界区，原是一片海湾苇荡区域。济南场先后建立有大德、大阜、大源、大有晋，以及裕通、公济、庆日新等七

徐静仁

大制盐公司，其中大阜、大有晋制盐公司就是徐静仁率先创办的。两个公司各在河西铺设池滩 10 圩，每圩分 8 滩，每滩占地约 160 亩。创办初期，急需大笔投资。面对困难，徐静仁办事果断，行动快捷，利用自己的人脉资源解决了投资的经费。两个公司逐渐形成了生产能力，所产盐很快行销到原淮南盐区引岸，缓解了由于南场产量不足而造成的供销矛盾。

光绪后期，由于海岸东移，淮盐地势发生变化，各场卤气淡薄，产盐渐少。一些有识之士为了寻找出路，打算开垦盐圩，种植棉花，另图发展。光绪二十七年（1901），南通张謇与汤寿潜、郑孝胥、罗振玉等人成立通海垦牧公司，开垦种植棉花获得成功，使黄海之滨的大片滩地化为沃土。这时，徐静仁联络张謇创办了大有晋盐垦公司，公司设在南通三余镇，原始资本 50 万元，后来增至 80 万元，有耕地 20 万亩，除种植外，兼营土法煎盐。

为了进一步扩大生产，徐静仁又成立大丰盐垦公司，自任公司董事长。公司设在东台县（今江苏省大丰县），占地112万亩，初期集资200万元，后增至400万元，是淮南垦区规模最大的公司。今大丰县即因此公司而得名。当时两个公司都大量投资农田基本建设，筑堤围海、开挖沟渠、修筑涵闸和道路，促使垦区快速发展，获得了良好的经济效益和社会效益。以今天的眼光看，这项废灶兴垦的改革，集中了大量资金，创造了史无前例的社会生产力，是中国近代史上颇有影响的壮举，对中国经济的发展做出了积极的贡献。

徐静仁经营淮盐的过程中，与南通的张謇结下了深厚的友谊。张謇，字季直，号啬庵，是光绪状元。他先后在南通、上海等地创办了多家企业和公益福利机构，是中国清末民初著名的实业家。他比徐静仁年长20岁，两人以兄弟相称，情同手足。清末，张謇经营通如食盐（牌号大咸），十分欣赏徐静仁的才干，邀请他经营大咸食盐业务。徐静仁不负重托，不遗余力，深受张謇的器重。

清宣统三年（1911），辛亥革命爆发，江苏独立，都督程德全任命张謇为两淮盐政总理，张謇聘请徐静仁担任淮盐科长。徐静仁任职期间，经常对盐政弊端提出改革建议，多次上书陈言，解决场商与运商争运抢销的矛盾，实行产销统一管理；积极赞襄政务，总结水潮涝灾给盐业带来的损失，提出废灶兴垦等对策，为改革盐政干了许多实事，深得张謇的赏识。

民国元年（1912）11月，两淮盐政总局裁撤。徐静仁去上海创办溥益纺织公司，担任公司总经理，首创万锭纱厂“一条龙”生产法。他与上海实业界、金融界的周扶九、刘厚生、聂云台、荣宗敬、史量才等人往来频繁，以其才能、智慧和信誉受到实业界的一致推崇，先后兼任大有晋盐业公司董事、上海商业储蓄银行董事、中南银行董事等职，又与聂云台、荣宗敬组设上海华商纱布交易所，成了上海工商界的知名人士。

1913年，徐静仁回到故乡。他走遍今马鞍山地区的南山、姑山等地，在杳无人烟的荒山野岭选址办矿，创立福民、利民两个铁矿公司，后合并为福利民铁矿公司，自任总经理。刘厚生任矿厂经理，刘叔诚任工程师。当时公司额定资本100万元，由徐静仁、张謇、周扶九、刘厚生等人投资，拥有当涂县境内的小姑山、梅子山、小凹山、戴山、栲栳山、扇面山、南山等矿权，矿区面积达120公顷。福利民铁矿公司是“九一八”事变前中国最大的矿业公司之一，在中国近代史上有着重要影响。

同年，徐静仁还与陆小波等在镇江东坞街集资开设慎康钱庄。后来，钱庄因苏北遭灾，放款不能收回，面临倒闭。徐静仁在上海闻讯后，想方设法出面帮助钱庄老板陆小波。他为此事在上海专门办了一场晚宴，把与慎康钱庄有业务往来和债务关系的工商界、金融界的老板、经理都请了去。晚宴时他询问慎康钱庄欠他们款项的情况，然后说：“慎康钱庄要倒闭了，但是钱庄不倒人。（意思是说钱庄可以倒，但陆小波此人不能倒）陆小波的事就是我的事，我看这里的事算了。（意思是在上海的钱庄债务大家就免了）让他有精力去处理当地的事怎么样？”由于徐静仁在上海工商界和金融界的威望高，大家听他发话了，都不便说什么。就这样，慎康钱庄免去了一大笔债务，陆小波在重大挫折之下，始能维持不倒。

徐静仁为人仗义，待人真诚。当年，郭礼征在镇江创办大照电灯公司时，他就鼎力相助。办这个公司的资金，有一大笔是一个安徽的抚台提供的。这个抚台同镇江原无直接关系，是徐静仁和张謇出面引进了这笔资金。

镇江人严惠宇原在上海金城银行任职，并不得意。徐静仁视之为人才，聘他到溥益纱厂任总经理。严惠宇上任后，努力工作，不负重托。然而因欧美棉花丰产，纱价暴跌，纱厂遭受重创，以致倒闭。当时外界对严惠宇多有非议，说他坑了徐静仁。而徐静仁能公正客观地处理此事，不埋怨和怪罪严惠宇。在严惠宇生日时，还从上海寄钱给严惠宇，劝他到庐山去散心，不要想不开。严惠宇对徐静仁感激至深，常记知遇之恩。后来，徐静仁经济状况不佳时，严惠宇也慷慨解囊相助。

1917 年，徐静仁、周扶九等人再次筹集资金100 万元，在上海苏州河畔建成溥益纱厂。这座纱厂又称溥益一厂（上海国棉三厂前身）。该厂有纱锭 26520 枚，拥有当时最先进的纺织机器，有工人 800 人，生产各种粗细棉纱，商标采用“地球牌”和“双地球牌”两种，产品行销到国内各地，远销南洋、印度等地，经营数年，获利甚厚。

1920 年，徐静仁又与张謇兄弟共同筹集南通大生纱厂八厂（即大生副厂）。1922 年，大生纱厂陷入经济危机，张謇请徐静仁出来帮忙。他致信徐静仁，请他对大生企业“更革整顿，而新颓靡”，并担任大生公司纺织管理处处长。徐静仁终以师友之情难却而受聘，总揽大生管理集团实权，力挽危局。同年，他又会同张謇、聂云台、荣宗敬（荣毅仁之父）等实业家，在上海吴淞开办中国铁工厂，制造纺织机器。

1924 年，徐静仁又在上海劳勃生路 8 号创办溥益第二纱厂（上海国棉十四厂前身）。该厂拥有资本 150 万元，纱锭 2.4 万枚，二厂与一厂均属溥益纺织公司。由于生产规模的扩大，业务工作量大增，徐静仁辞去了中南银行的职务，自任纺织公司总经理，同时聘请严惠宇为副经理。公司发展迅速，产品不愁销路。

南通张謇父子去世后，大生企业日趋衰落，大生董事会把挽回败局的希望寄托在徐静仁身上，一致推举他为大生企业集团董事长。徐静仁再度出山，对大生企业的管理体制进行大胆革新，一改过去政出多门、各行其是之弊，提高办事效率，企业经营状况渐有起色，挽回了颓势。

1927 年 4 月，徐静仁受聘于国民政府，担任财政部盐业署署长。1934 年 1 月，黄山建设委员会在南京成立，许世英任主任委员，徐静仁与张治中任副主任委员。次年，许世英出任驻日本国大使，徐静仁担任黄山建设委员会主任委员。1940 年，上海茂德制药股份有限公司成立，徐静仁当选公司董事长。该厂开工后，第二年即生产针剂 10 万支，液剂 1000 加仑，片剂 20 万片。

抗日战争全面爆发后，福利民铁矿即被日军侵占，日本多次逼迫徐静仁将铁矿作为“现物出资”，加入伪华中矿业股份公司，并以徐静仁有对日债务关系相要挟，均被徐静仁拒绝。1942 年 3 月，伪国民政府行政院实业部发出“最后通牒”，徐静仁答应还债，但仍拒绝以矿权入股。4 月 3 日，伪国民政府行政院实业部强行将福利民铁矿纳入伪华中矿业股份公司。抗日战争胜利后，福利民公司各矿山由省政府接收，旋由经济部苏浙皖区特派员办公处接收。后划归国民政府资源委员会管理。

徐静仁一生志在振兴实业，也十分关心文化教育事业，主张学以致用，培养实用人才。早在 1913 年，他就与张謇兄弟捐资创办南通纺织专科学校，后改南通纺织大学、南通学院，并担任院长，先后培养纺织专才 1750 名，为发展中国纺织工业做出了重要贡献。

1916 年，史量才经营的上海《申报》亏损严重，得到了徐静仁的大力支援，后摆脱困境，到 30 年代初日销量增至 15 万份，成了中国著名的大报。1917 年，黄炎培在上海创办中华职业教育社，徐静仁得知其经费困难，捐赠颇多。

1920 年，徐静仁委托黄炎培到当涂调查情况，次年即在当涂城西创办静仁职业学校，建校舍 70 余间，耗资 3 万余元，购置了穿纱机、织布机、紧纱机、织巾机数十部，仪器药品 3 万余种，内设农事管理科、工业职工科和附属小学。

南通大学纺织科

1925 年，徐静仁又与镇江同仁捐资创建镇江弘仁医院，任院董事长，耗资 40 余万元，建造房屋百余间，病床 80 张，内设内、外、儿、妇、五官、放射、检验诸科，成为抗战前长江沿线最大的一家私立医院。

徐静仁还捐出巨款，在镇江创办了中国最早的蚕桑职业学校，受到黄炎培的高度赞扬。镇江京江中学的创办，他也出了大力，为表彰他对建校做出的贡献，学校特将一座校舍命名为“静仁堂”。

1948 年 2 月 20 日，徐静仁因病在上海寓所逝世，终年 78 岁。他的生前好友于右任、许世英、黄炎培等 103 人联名刊登追悼启事，称赞徐静仁。3 月 25 日，上海各界举行追悼徐静仁大会。

徐静仁对镇江有一种特殊的感情，去世后棺柩也运回镇江安葬。墓地在镇江南郊官塘乡史家岗西南约一公里处。

人物启迪

徐静仁是民国时上海实业界的著名人物，也是发展中国铁矿产业的先导者。他少有济世之志，奉行实业救国的主张，从盐业起步，注重经济效益和社会效益的双赢，为中国盐政的改革做了不少实事。他是实业家张謇的重要助手，是经营大生集团的功臣，又是马鞍山创办铁矿的倡导者和上海大型纱厂的经营人，是名副其实的大实业家。同张謇一样，他有强烈的报国热情，关心和支持文化教育事业的发展，在镇江也创办了多项义举，深受镇江人民的爱戴。

黄静泉

清末民初的糖业大王

黄静泉，安徽巢县人，后迁居镇江。他曾在镇江的聚源和杂货号当学徒，期满后到永昌糖行任职，兼代南通、江阴、上海等地客户经办糖杂货和北货，收益日丰，数年之间，积银数万两，于是开始自立门户，创业发展。

他事必躬亲，除账房、信房外，用人不多，开支节约，因此，数年间就积聚了一笔可观的资金。同时，他也为客商垫款，有利息进账。

黄静泉先创办了“元生栈”牌号，经营糖、北货业务，慢慢地在同业中站稳了脚跟。虽然曾因往日本运送麻油的海船中途遇大风沉没，一度陷入困境，但因其处理事务的能力强，很快又复振，改换牌号为元生东，扩大业务经营范围，广泛吸收北帮客户，经营的货物大增。

元生东号生意稳定后，黄静泉接着开设了亳州钱庄，代洋行

旧时的街景

收货。当时，元生东在英租界内，不受辛亥革命的影响，大清银行和道生钱庄就临时把库存银圆托元生东保管。此时，元生东正在做洋行的芝麻交易，就利用了这项存款，到周家口等地收购了一大批芝麻，直接运到日本，卖了个好价钱。

接着，黄静泉又代表美最时洋行大收芝麻，把在周家口等地设庄购来的大批芝麻源源不断地供应给洋行，并利用洋行的通例，在货未到前先行定价付款，或货上栈后压数付款，另候报价的机会，给元生东的经营打开了一个通道。他利用通例的时间差，始创先行报价付款以扩大收购，继因收购量大，市价步涨时，则延期开报，以待善价，获得了大利，财富积累到 8 万两银。

由于收购量大，元生东的招牌在北货产区声名大振，因而所开出的下兑汇票很吃香，常常周转数月用户才来兑换款项，扩大了资金的周转，银根宽裕，还能转供泰顺、泰丰和沈鼎记、王雨记等行。

为了进一步发展经营，黄静泉的目光瞄准了上海。他到上海设立了元和糖、粮、北货行栈，同时还在南京等地设立了自己的转运站点，在江南一带形成了完备的营运系统，销售能力和货运能力开始领先同行。不仅在镇江独步，在上海的洋行街同业中，也为中个翘楚。

黄静泉善于捕捉新生事物。陈光甫创办上海商业储蓄银行时，他主动参股五千元。当时是镇江商业发展的盛期，有雄厚实力者，不乏其人，然而没有一个人参股上海银行，唯有原籍泰州富居镇江的黄静泉有气魄、有眼力选择投资，所以他始终都被选为上海银行董事。黄静泉不识字，他在上海银行董事会的记录簿上常误在另一董事杨静祺的名字下，签上很不像样的“黄静泉”三字。谈及此事，决非轻视他，不识字尚能高人一筹，把经营的事业做得红红火火，确实不是一件简单的事。

后来，黄静泉的生意越做越大，触角又伸向江南的其他城市和领域。借着经办洋行芝麻业务的机会，他结识了镇江美最时洋行的德国大办，通过他的关系，取得了美孚煤油亳州的分销经理职务，又取得了南通金沙场的分销经理一职。随着资本的扩大，他又不断地开拓新领域，在镇江创办了元盛钱庄，在南通和如皋新开了三个糖杂货号，都是独资或占大多数股份。

黄静泉还在上海建立了大本营，搞起了航运企业华新轮船行。华新轮船行，原名华新公司，由黄静泉独资创立，1928 年 10 月 10 日设于上海仁记路（后改滇池路）119 号，资本总额 200 万元，初期经营外糖入口及杂粮买卖，由黄静泉开设的上海元和糖行和镇江元生东号糖行拨来资金。1933 年 8 月，购买轮船4艘（华新、华懋、华达、静泉），共26900总吨，经营航运业务，航行于南洋、香港和上海之间。

黄静泉请了好友镇江美最时洋行的德国大办来任华新公司的经理，利用他开发南洋和香港的营运。他还在南洋采购荷印糖，用自己的轮船运到上海销售。裁厘加税后，他为了避免上海码头捐，在南洋采购的荷印糖就由华新轮船直运镇江。

抗日战争爆发后，为了避免华新轮被国民政府征用，黄静泉将其沉塞江阴航道。公司对其余3轮改注册中立国籍，悬挂希腊、葡萄牙国旗，继续营运。1940年3—5月，公司先后购置三泰、爱尔陀拉陀轮2艘，注册巴拿马国籍。1941年11月，三泰轮航行至舟山群岛触礁沉没。其余4艘轮船虽入希、葡、巴籍，但仍被日本军队拘留，以后先后在海上沉没，公司业务停顿。

抗战胜利后，黄静泉的轮船业由其长子黄振东和长孙黄麟奎经营，二人合伙购置了华运、华海轮（共11050总吨），于1946年7月建立华新轮船贸易无限公司（简称“华新公司”），资本总额国币20亿元（黄振东12亿元，黄麟奎8亿元），经营轮船航运业务。

黄振东是黄静泉的长子，曾在上海独创事业。开始他也做糖的生意，因一次日商纱厂老板迫害工人，引发罢工潮，学生和爱国人士纷纷要求抵制日货。当时，黄振东所存日本糖甚多，被纠察队查封没收，损失严重。事后，他以10万元为敬，拜杜月笙为师，寻求保护。

为了东山再起，他们开始把钱投向航运业，独资经营华新轮船贸易无限公司，除了经营客货运输外，又大量经营印尼食糖进口生意，赚了一大笔钱。黄振东用这些钱又做起了房地产生意，买进了多处中心地段的房产，成就超过其父。

黄振东还将国民党政府赔偿金（因抗战初期征用华新轮）金圆券803600元，投资于复兴轮船公司，占复兴公司股份8036股。上海解放前，华运轮因已不能使用而拆卸，华海轮被国民党政府征用，运军队和军用物资开赴台湾基隆，黄振东亦去了台湾。

上海解放后，公司登记资本总额为人民币10亿元（旧人民币），因无船航运，业务停顿，出售存留资产维持职工薪金及其他开支。1950年7月，上海区航务局船政处批准华新公司改名华新轮船行，按规定将无限公司改为有限公司。这一年的12月，重估资产，资本总额调整为旧人民币30亿元（黄振东18亿元，黄麟奎12亿元）。

除了糖业和轮船业，黄静泉在上海还向房地产进军，他购置了大量的不动产。大盐商周扶九在上海九亩地的大批房地产都转到了他的名下。在镇江，他也购买了大教场的地产200多亩。据估计，他的资产曾达到两三千万两。

黄静泉兴办企业的成功，与他的勤奋和敏锐是分不开的。他能根据情况的变化，及时调整思路和布局。他办的企业，起步于镇江。辛亥革命后，上海成为经济中心，有着广阔的市场需求，他就把经营的重心移到上海，本人也坐镇上海指挥，把企业做大做强。

对于国内外的营运机构，他都亲自指挥，经常用电报、电话密切联系，毫不放松。对于收货的外庄，他有一套突击管理的手段。在大量收货的季节，他直接根据市场的变化，指示外庄“止办”或“速办”，来操纵产区的市价。对于营业的运筹，他已达到废寝忘食的程度，有时睡到半夜，还下床来拨上一阵子算盘。对于镇江、南京、南通和如皋的企业，他每年都要视察一趟。这个习惯一直保持到他生命的结束，可谓生命不息，算账不止。

人物启迪

黄静泉是一个奇才，曾是上海滩上有名的糖业大王。他虽然目不识丁，但又比他人更洞察秋毫，把生意做得风生水起，有模有样。他从镇江的糖行起家，发展到江南的许多城市都有他的网点，经历了很多的艰辛和磨炼。他的创业成功留给后人的启示是：善于审时度势，抓住每一次商机，没有小富即安的思想，不断地谋求发展，所以能从小糖栈做到大公司，直至上规模的联合企业，把事业从小做大。他的成功还得益于其工作的勤奋和敏捷，对营业的运筹尽心尽力，以及常抓不懈的工作精神。

郭鸿诒

大照电灯公司的创始人

郭鸿诒（1875—1953），近现代实业家。原名文献，字礼征，安徽亳县人。清末秀才。光绪二十一年（1895），就读于张謇创办的南京文正书院，深受张謇器重。光绪二十六年（1900），任长江水师提督程文炳的幕僚，以功保知县分省任用。不久去上海，就读于广方言馆附设的实习理化电学专科，同时，他也喜欢在报纸上发表言论，曾被邀请到神州报馆任职。

郭鸿诒受张謇实业救国思想的影响，决意走创办实业的道路，与友人在镇江创办了一家小型肥皂厂。光绪二十九年（1903），镇江英租界工部局有附设电气处之议，他听到这一消息，为“华商固权力计”，决定筹建大照电灯公司，得到张謇与常镇道道台郭道直的支持。著名实业家张謇称此是“江南要事之一”，参与投资并担任总董。

常镇道署衙门也及时把筹建大照电灯公司的方案呈报江苏抚

郭鸿诒

院，获准立案后，拨给江边东荷花塘一带的官地9亩，作为建厂地基，并从整治江边船坞工程款中暂借规银1万两。筹建时原计划招募股银10万两，经多方筹集，资金只有不足3万两，于是郭鸿诒将妻子韩氏陪嫁的金银首饰全部变卖，才有了启动资金。

光绪三十年（1904），郭鸿诒建成大照电灯公司，并担任总经理。第二年他即从国外订购了发电机、锅炉等设备，并安装。因地方上的绅商居民迷信风水，阻挠立杆架线，他又克服了各种困难，登门协商，历时7个月才架线完工。

光绪三十一年（1905）八月，大照电灯公司（民国12年即1923年改名大照电气公司）领到商部公司注册局发给的执照。十月，正式建成发电，这是江苏省第一家公用电厂，也是全国民营电业的先驱。当时公司的资本总额为规银10万两，主要设备有75千瓦直流发电机组和卧式双火门锅炉各2台，装机容量为

150 千瓦。光绪三十二年（1906）取得清政府农工商部执照。

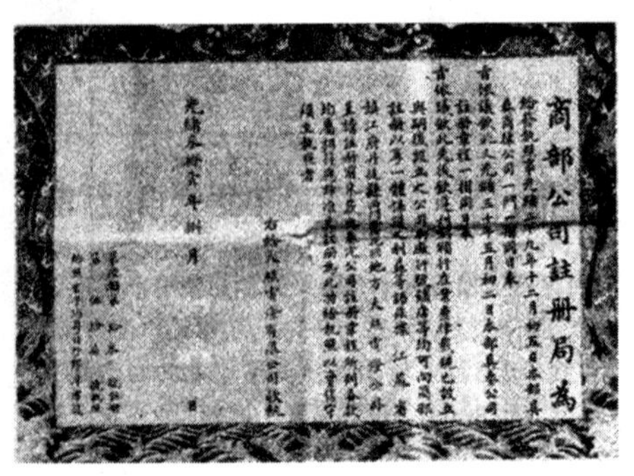
商部公司註冊局為

大照电气公司执照

此后，在他的努力下，陆续更新设备，扩大发电能力，资金增加到商股 38 万余元，发电能力达到 6720 千瓦。到民国 25 年（1936）年底，共有 3500、1700、750 千瓦凝汽式汽轮发电机组各 1 台，以及配套锅炉 4 台，装机容量达 5950 千瓦。光绪三十一年（1905）至民国 25 年（1936），累计发电 11539.3 万千瓦时。

民国 26 年（1937）12 月，日军侵占镇江后即进驻大照电气公司，强迫继续发电。民国 29 年（1940）7 月，大照电气公司被日伪经营的华中水电公司吞并，与镇江自来水公司合并组成华中水电公司镇江办事处（后改为营业所）。民国 26 年（1937）至民国 34 年（1945）间，累计发电约 6420 万千瓦时。

民国 34 年（1945）9 月，江苏省政府党政接收委员会会同经济部敌伪产业处理局苏浙皖特派员办事处，将华中水电公司镇江营业所作为敌伪产业接收。由镇江水电事业整理委员会经营。

民国 35 年（1946）6 月，经济部决定将大照电气公司的产业发还。但因在接收中受到阻挠，大照电气公司未能恢复经营。

民国36年（1947）6月，经济部撤销大照电气公司注册及营业权。同年10月，在江苏省政府的支持下，组建镇江水电公司，共筹股法币24.34亿元，其中交通银行、上海银行、江苏省银行投资14亿元，占58%，董事长由交通银行总经理赵棣华担任。大照电气公司的资产由镇江水电公司作价付款，因作价标准存在分歧，未获解决。镇江水电公司依靠向官僚资本银行贷款维持生产。此时，由于3500千瓦汽轮机发生故障，实际可供出力仅为2450千瓦，只能采用拼设备的办法提高发电量。民国35年（1946）到民国37年（1948），累计发电约2235.6万千瓦时。

1949年4月镇江解放后，镇江市军管会即派代表进驻镇江水电公司。5月2日，水电公司遭国民党军队飞机轰炸，致使1700千瓦和750千瓦2台机组因部分仪表失灵和水源中断而停止发电。电厂职工黄旭东、陈世民、董阿荣、林耕来等冒着空袭的危险，日夜抢修。5月18日和23日，2台机组先后修复发电。1950年年底，3500千瓦机组恢复按1500千瓦运行。

1953年1月，水电公司实行公私合营，大照电气公司的私人股份才得以确认。5月，3500千瓦机组恢复铭牌出力，水电公司总装机容量恢复到抗战前一年的5950千瓦。1955年11月，镇江发供电联入苏南电网，电力由电网统一调度。1956年，水电业务分开，改名为镇江电气公司。

1962年8月，镇江供电局成立后，镇江电气公司撤销，其发电车间改为戚墅堰电厂镇江发电所。1965年，谏壁发电厂第一台2.5万千瓦发电机组发电后，镇江发电所撤销。自1949年镇江水电公司到1965年镇江发电所，累计发电27731万千瓦时。

也就是说，到此时，大照电气公司及其继任者才结束了历史使命。

大照电气公司在30多年的生产经营中，曾积累了一些管理现代工业的经验，培养了一批技术力量和管理人才，到1936年时，公司有职工206人。1928年，大照电气公司还开办了职工子弟小学，截至1936年，先后有6批学生毕业。解放初期，镇江从事电气工作的技工和业务骨干，除了大照电气公司的老职工外，不少都是该校的毕业生。大照电气公司是镇江现代工业的开拓者，在中国民营电业的发展史上，也有较高的地位。

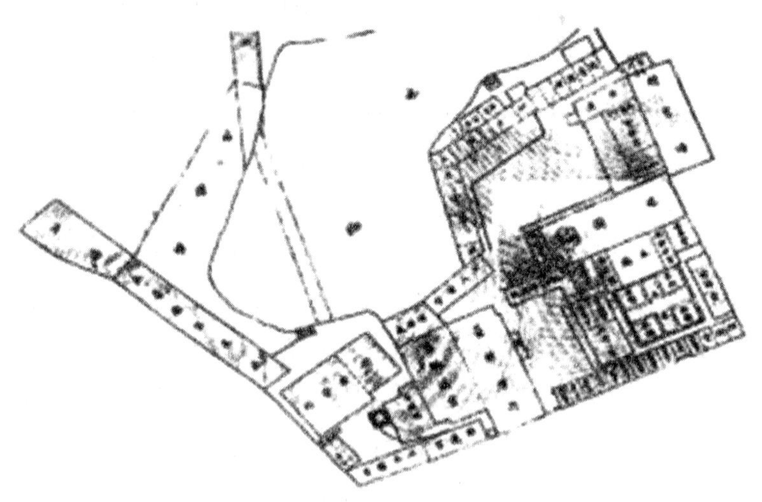

大照电气公司平面图

郭鸿诒不仅是一个企业家，也是一个社会活动家。他关心国事，常与挚友陈庆年、杨千里、杨邦彦等议论时政。宣统二年（1910），江皖水灾，他协助华洋义赈会力筹巨款，救济灾民，被奏保由知县外官奖给分部郎中。辛亥革命后，孙中山回国，他专程赴沪参加欢迎大会。民国元年（1912），赵声遗体从香港运回镇江，在琴园举行追悼大会，他亲临吊唁，并撰写挽联。后因车祸，患遗忘症，乃引退静养，1953 年病逝于镇江。

其兄郭文第（1866—1926），字品翰，贡生，授五品衔浙江候补县丞，保举补缺以知县用。光绪二十九年（1903），他帮助其弟兴建大照电灯公司，历任协理、经理。民国 7 年（1928），日本举办电气博览会，他赴日考察。回国后著《东游参观日记》一书，积极赞助镇江的地方慈善事业，并担任丹徒城厢市董事会董事。

人物启迪

郭鸿诒在江苏民营电业的发展史上是一个不可回避的重要人物。他创办的大照电气公司，是有名的“江南要事之一”。他的创业受实业家张謇的启发，有实业救国的明确指向，因而能克服一切困难，勇往直前，从变卖妻子的嫁妆首饰筹款，到架线登门协商，再到采购供电设备，机组维护运营等，无不亲自过问，落实到位，终于迎来了公司的稳固和发展。

冷遹

辛亥将领中的实业家

冷遹（1882—1959），字御秋，江苏丹徒黄墟镇人。辛亥革命时期有影响的军事家、政治家，又是早期以同盟会会员身份加入南社的重要成员。他 1902 年考入安庆武备学堂，1906 年加入同盟会，担任过同盟会广西支部副支部长，代理支部长、民军混成帮统等职，积极鼓吹和率众投身革命。

南京临时政府成立后，孙中山授予冷遹中将军衔和文虎勋章。冷遹先后任陆军第一军第三师师长、安徽军政府参谋部长。二次革命失败后流亡日本。1915 年回国，参加护国战争和护法运动，任参谋处长。护国军政府正式成立后，孙中山任命其为护国军政府总参议及内务部副部长、代理内务部长。

1917 年 5 月 6 日，中华职业教育社在上海成立，冷遹为该社理事。护法运动失败后，他与黄炎培等共同主持中华职教社的日常工作。

冷遹

1921年，冷遹退出军界，转而投身实业和教育救国。他受民族实业家张謇启迪，对盐垦发生了兴趣，几次深入苏北沿海盐土地区进行实地调查，深感这时国内民族纺织工业正在兴起，对盐土加以改良种植棉花，既可减少原棉进口，振兴民族纺织业，又可发动地少人多的江南农村的农民参加棉垦工作，开拓生财之道。他得到上海银行财团陈光甫（镇江人）和农业界前辈邹秉文的资助，创办了江北盐垦公司。

为了振兴中华蚕丝业，冷遹走遍了江浙主要的产丝农村，进行调研考察，分析落后原因，提出在江苏利用丘陵荒山发展桑蚕业，以降低制丝成本，改良蚕桑品种和生产技术，以提高产量和品质的建议。他和陆小波、严惠宇、蚕业专家葛敬中等合作，率先在家乡黄墟创办“永安蚕种场”，在镇江丘陵地区发展蚕桑事业。又在镇江西郊四摆渡创办“益民种场”，进行垦荒、植桑、制种。后又扩建“益民二场”，在丹徒高桥和桥头先后建了两个分场——“均益蚕种场”和“三益蚕种场”。冷遹建议将四摆渡、高资、桥头的4个蚕种场合并称为“四益农产育种场”，属股份制有限公司性质，自任董事长。四益农场与中华职业教育社密切合作，发展迅速，设有4个部、9个场，共垦荒3000余亩，每年可供饲养蚁蚕6000克，可制改良蚕种12万张。

1928年春，冷遹代表地方人士与中华职业教育社暨江苏省农矿厅合作，确定在镇江东乡的黄墟筹地建棚寸改进试验区，修筑辛丰到黄墟的道路，开塘筑坝，改良蚕种、猪种、鸡种等，提倡水塘养鱼，推行新式农具，开展民众教育，创办民众医院，又建议把县立师范学校迁到黄墟。

镇江蚕种场旧址

镇江丘陵山区的养蚕业和制种业的迅速发展，引起了政府的重视，在全国经济委员会下成立了全国蚕丝改进会，办公地点设在浙江杭州，由冷遹负责。他又组建了福华丝绸公司，出任董事长，恢复了嘉兴丝织厂，改进了丝纺织工业，并开展了国际贸易活动。他还倡议把四益为中心的13个自然村镇作为农村改进试验区。由黄炎培、冷遹、江恒源、杨卫东等组成的镇江黄墟农村改进试验区委员会，公推冷遹为主席。

抗战时期，冷遹担任了国民参政会的参政员，还当过国大代表、军事考察团代表、江苏省临时参议会议长。1941 年 12 月，冷遹、黄炎培、江恒源发起组织中国民主政团同盟的前身“统一建国同志会”。不久，冷遹被选为中国民主政团同盟（后改为中国民主同盟）中央执行委员。

1944 年 9 月，冷遹在国民参政会上，支持林伯渠代表中国共产党提出的关于成立民主联合政府的主张。他又和黄炎培等在《国讯》和《宪政月刊》上联名发表《民主与胜利献言》，向国民党要求实现民主，并提出九项具体要求。1945 年 1 月，冷遹与黄炎培等 60 余人联名发表《时局献言》，要求国民党与其他党派切实合作，挽救危局。2 月，他又在宪政月刊座谈会上，要求国民党对结束训政提出具体办法，并使国共谈判公开进行。抗战胜利后，冷遹和职教社的一部分领导人，参与创建民主建国会，冷遹被推选为常务监事，黄炎培、杨卫玉、孙起孟被推为常务理事。

伯先公园内的赵伯先像

冷遹对镇江的贡献尤多。他曾募集资金，聘请著名造园专家陈植担任设计工作，筹建镇江伯先公园，以纪念黄花岗起义总指挥赵声（伯先）。建园历时五年，至 1931 年竣工，占地 110 亩，耗资 20 万元，使荒山冢地变为江南名园。他提倡男女平等，认为妇女也应该接受教育，掌握独立谋生的本领，与黄炎培、唐儒箴联名创办了“私立镇江女子职业学校”，并担任董事长。他又不遗余力地在镇江东乡儒里镇筹建“建东中学”。

中华人民共和国成立后，冷遹先后担任过中央人民政府政务院财政经济委员会委员、华东军政委员会委员、华东水利部部长、华东行政委员会委员、江苏省人民政府副主席（副省长）、江苏省政协副主席、中国民主建国会中央常委、民建江苏省工作委员会主任委员、中华职业教育社常务理事兼上海分社主任等职，是第一、二届全国政协委员，第一、二届全国人大代表。

冷遹在担任华东水利部部长期间，治理了沂沭河与淮河，疏浚了运河，治理了长江下游等主要骨干河道，克服了华东地区的水患，为农田灌溉事业做出了重要贡献。

冷遹对家乡的防洪工作也十分重视。有一次江苏扬中县来电要求华东水利部补助加固圩，经办的人认为只有沿江的干堤和主要圩才能给予补贴，而扬中的圩地处江中岛屿，不在范围内，拟不予补助。此事被冷遹知道后，他指出：“扬中四面环江，扬中县城即在岛上，面积大，农田多，一旦破圩，将会是灭顶之灾，应考虑补助。”

冷遹纪念馆

人物启迪

从带兵的将领到创办实业的能人，冷遹无疑是顺应角色变化的成功者。他受实业家张謇的启示，立志走实业和教育救国之路，从此践行一生的举止令人敬佩。他从盐垦起家，到振兴蚕丝业，兴办试验区蚕种场，付出了许多辛劳。他还积极推动中华职业教育社的发展，兴办私立镇江女子职业中学，筹建伯先公园等，为镇江人做了许多好事，是公而忘私的典范。

严惠宇

实业救国的践行者

严惠宇（1895—1968），名敦和，以字行，江苏镇江人，出身商人家庭，后成为民族工商业者、实业家。幼读私塾，后攻读政法，曾任扬州法院书记官。他听闻张謇实业救国、教育救国的理论和张謇开发通海垦牧、兴办文艺、促进社会公益事业的事迹以后，受到很大鼓舞，立志以张謇为榜样。他一生致力于民族实业与教育、公益事业，为家乡的教育和经济等建设做了许多有益之事，与冷遹、陆小波一起被尊称为“镇江三老”。

严惠宇先后开办大东烟厂、经营贾汪煤矿、办四益农场，历任上海金城银行副经理，大东烟草公司董事长、总经理，华东煤矿公司董事长，四益农产育种场常务董事、总经理，上海溥业纱厂、杭州福华丝厂、南通大生纺织公司、扬州麦粉厂、镇江水电公司常务董事，徐州贾汪煤矿私股董事等职，成为上海滩颇具影响力的实业家之一。

严惠宇

严惠宇早年投资上海大东烟厂，苦心经营，持之不懈，把一个里弄小厂办成了颇具规模的中型厂。该厂以薄利优质为宗旨，业务历久不衰。他将获利一面投入故乡公益事业，造福乡梓，一面投资杭州福华丝绸公司。该公司规模宏大，集纺、染、织、成衣为一体，所产福华优质绢纺衬衫，远销美国。他投资福华丝绸公司的目的，是为了与家乡已办的蚕种场生产的蚕丝相配套，使蚕丝的生产能够一条龙，即从生产到制品到远销成一条线，为丝绸业的发展做出了贡献。

严惠宇与刘鸿生合办的徐州贾汪煤矿是他一生中经营的最大的企业。当时国家多难，民族工矿企业深受外企挤压，大多一蹶不振，目光短浅者，每视前途渺茫，便纷纷退股。唯他力主实业救国，迎难而上，出任该矿董事长，受挫不馁，志无少倦，终于开发顺利，矿业日隆。

严惠宇对家乡兴办的实业鼎力支持，如镇江维生油厂、北固建筑公司、镇江水电公司、恒顺酱醋厂、金山蚊香厂、益群布厂、鼎昶钱庄、源泰丰米厂……均由他经营或投资。

严惠宇热爱昆曲，是新乐府昆剧的创始人之一。1927 年，上海纺织业大实业家穆藕初经营纱厂受挫，没有能力继续维持他钟爱的昆剧传习所的经营。严惠宇与挚友陶希泉合作，以“维昆公司”的名义，共同投资 2 万元，在接收原传习所出科的“传”字辈青年演员的基础上，创建了新乐府昆班，以上海笑舞台为专演场所，又辗转演出于苏州青年会、上海“大世界”游乐场等处，受到昆曲爱好者的欢迎。20 世纪 30 年代初，新乐府昆班虽因内部矛盾的激化而导致解体，但严惠宇等人的创建之功不可没。

严惠宇是一个具有爱国气节的实业家。抗战初期，镇江地方成立民众组织会，严惠宇与冷遹、陆小波分头负责民众组织会的抗战工作。三人曾联袂在南门外都天庙，焚香共誓坚持民族气节之决心。镇江失守后，严惠宇和陆小波转道去上海，坚持民族气节，拒绝日本人的拉拢。在上海，为了脱离日伪烟草专卖原材料分配体系，严惠宇宁愿牺牲利益，关闭大东烟厂，也不愿与日伪当局发生联系。

严惠宇喜书法，先后学李北海、褚河南、《书谱》、“二王”，书法功力深厚。他平时为人豪爽，爱与书画家交游，好收藏书画及文物古董。他与著名的国画大师陈半丁是忘年交，陈半丁每次到上海，都住在他的家中。他还酷爱收藏，仅收集的明清时期珍稀扇面，就数以千计。他的收藏处名曰“箑斋”。箑，是古文中“扇子”的意思，据说以此为名就是为了纪念他集明清书画扇面超过一千余帧。

抗战期间，江南地区沦陷，不少有家产的人逃到上海避难，许多没有生活来源的人靠出卖古董字画维持生计。严惠宇看到大量古董字画被转售海外，心情十分沉痛。

为了保护中华文物，他在上海的陕西北路开设了古玩店“云起楼”，请收藏界的名人秦更年、汤定之为掌眼人，又聘潘君诺、刘伯年、尤无曲三位名画家兼鉴定家专门修复古字画，为国家保留了一大批珍贵的文物、字画和古籍。尤其令人敬佩的是，他在1949年后陆续将所得珍品捐赠给了上海博物馆、南京博物院、镇江博物馆和扬州博物馆等处。

严惠宇热心地方公益事业，以乐育英才、救死扶伤为宗旨，大力兴办京江中学（江苏省镇江第一中学前身）、弘仁医院等。严惠宇曾任京江中学校长，现在的校训“诚勤”就是他提出的。他生前把自己的195件书画藏品捐给了镇江博物馆，获得了奖金1万元人民币，转手又捐给中学做了奖学金。

镇江绍宗藏书楼的大部分藏书，就是他在上海主持烟厂时收藏的旧物。其中包括大藏书家康有为曾经收藏过的精品。严惠宇为镇江的图书馆事业做出了贡献。中华人民共和国成立后，他曾任镇江市文物管理委员会委员等职。

人物启迪

严惠宇是著名的“镇江三老”之一，他和冷遹、陆小波在镇江实业界有很高的威望。尽管他的创业路不平坦，充满了艰辛曲折，但他的勇气、从不言败的精神和热心公益事业的态度值得后人学习。他一生创办的企业不少，有的成功，有的失败，不论成功与否，他都不计较个人得失，而是向张謇那样，致力于民族实业与教育和公益事业的发展，将自己的创业所得用来支助家乡的实业和文化教育事业。

陆小波

乐善好施的商会会长

陆锡庚（1882—1973），字小波，以字行，江苏镇江人，工商界知名人士、实业家。他16岁时在镇江元同钱庄当学徒，学徒期满后，到镇和钱庄上班。1913年出任镇和钱庄司账，因经营能力出众，又担任了慎康钱庄的经理和钱业公所董事。1925年，他担任镇江商会会长、镇江商团团长、钱业公会理事长，后又担任江苏省商会联合会理事长。

陆小波是个商人，却少有商人的习气，总有一种长者的风范。他自幼接受“忠厚传家”的祖训，一生以“和为贵”“息事宁人”“同流而不合污”为处世之道。民国20年（1931），他经营的元益钱庄因苏北水灾亏空甚巨，他本着“宁欠大朋友，不欠小朋友”的原则，向大糖商黄静泉借了20万元，还清本地零散小存户的钱，然后宣布倒闭，由是获得镇江工商界人士的信任。

陆小波

陆小波常为人排忧解难，抚危救困，受他帮助的人有商界人士，也有革命志士。他先后投资和集资兴办过约 20 个企业，多数是对地方有利的公益事业，主要有江南印书馆、普济轮渡、大纶丝厂、自来水厂、镇扬汽车公司、四益农场等。

此外，他还与冷遹、严惠宇、徐国安等共同创办弘仁医院和京江中学。他仗义疏财，热衷社会公益事业；他创建镇江江南印书馆，促进镇江印刷业的发展；在国民党军队逃跑时，他又派商团维护社会治安，迎接渡江解放军的到来，做了很多好事，赢得了镇江人民的赞誉和尊敬。

1917 年 6 月，张勋阴谋复辟，移师北上。其驻镇辫子军向商会索要 8 万元开拔费，否则将“放弟兄们的假，借镇江一条街”，公然以放枪为威胁。丹徒县知事于定一和商会会长吴泽民与这帮官匪头目一再商量，拍定价码为 4 万元，但此款项一时仍难以凑齐。于定一、吴泽民两人在商会急得团团转，也想不出一个好办法。

此时，陆小波并不在商会任职，但他对此事非常关心，就来问吴泽民情况。吴泽民提到筹款直摇头，一点儿招数也没有。陆小波主动请缨，叫吴泽民先到他的钱庄提 4 万大洋解决难题，说完就走了。吴泽民派人到钱庄抬了 8 大箱共 4 万两银圆交给了辫子军。当时陆小波的一班好友都为他的大胆担忧，万一 4 万银圆给了，辫子军不走，而此后商界各业又不认账怎么办？结果，辫子军拿到钱后，高高兴兴地开拔了，镇江城免了一场遭殃。事后，大家都佩服陆小波的胆量，公认商会需要他这样的人来办事。从此，陆小波在镇江商会名气大振。

陆小波兴办钱庄，振兴镇江的经济，在商海摸爬滚打了几十年，但其内心仍对知识充满了渴望、对文人的尊崇、对文教事业的关注。只要经商所得稍有盈余，他就会把钱投向文教事业。镇江文教事业的发展，曾得力于他的大力支持，他的兴学之举，推动了镇江教育事业的发展。他的赞助文化，为名城保留了许多珍贵的文化遗产。

陆小波 38 岁时，和胡健春、于小川等人开始筹办私立润商学校，目的是提高商人子弟的文化水平，同时又满足城外部分学龄儿童的入学要求。他担任润商学校的董事会主席职务，为学校的发展出谋划策。当时董事会招聘了富有教学经验的李翰翔为私立润商学校的校长，由陆小波出面又招聘了一批热心教育的教师，先办了一个高小一年级班，两年后增加到三个班，并附设了国民科。高小除按规定授课外，还增加了簿记科，不久又增加了商科一个班，为商人子弟提高经商水平创造了条件。

抗战时期，校舍被侵略者占用，损失严重。抗战胜利后，陆小波力主复校，重新成立了董事会。他自任董事长，整修校舍，置办教具，聘请郭长传担任校长，为学校的复建付出了心血。

1926 年，黄炎培、冷遹等人发起成立私立镇江女子职业学校时，陆小波也是赞助人，是董事会的成员。他为了使学校拥有固定的办学场所，将西府街慈幼工厂的基地和房屋借给学校使用。后来他又将这块占地 8 亩多的地方全部捐赠给了学校。

1932 年，私立镇江东南职业中学成立时，陆小波也给予了支持，并担任学校的董事。他还支持过镇江商人凌焕曾创办私立敏成学校，支持商人庄乐峰创办私立南华小学。他担任过两校的董事。丹徒私立养正小学成立后，他也是校董事会的董事。

1937 年，陆小波对私立京江中学的创办更是尽心尽责，多方谋划。陆小波 50 岁生日时，由于在商界的崇高威望，有许多社会名流来为他祝寿，他收到了一大笔寿金。陆小波决定把这笔钱用来作为筹办私立京江中学的基金。他还利用在社会上的影响力，向本地的商户募捐，如将钱业公所普仁堂的会厘结余捐赠过

私立京江中学

来，作为办学之资；又向寓沪的商人募捐，有许多镇江人在沪从事金融业务，也很有名气，如陈光甫等，因此很快筹到了一笔基金，作为办学的经费，在镇江大学山买了校基。

当时由镇江工商界、金融界、教育界的知名人士组成了私立京江中学的董事会，陆小波任董事长，镇江著名人士冷御秋和严惠宇都是董事会的重要成员。陆小波聘请了张海澄担任学校的校长。张海澄在当时的江苏教育界很有影响，他知识渊博、思维敏捷、逻辑性强、说理透彻、语言生动，很能打动人，先后担任过省立南通中学校长、省立南京中学校长、江苏省教育厅督学等职务。张海澄担任私立京江中学校长后，聘请了江苏省许多有名的教师来学校授课，把学校办成了因教学质量高而闻名于沪宁线的学校。

抗战时期，陆小波保持了高尚的民族气节，不为日军所利用。他多次告诫子孙，不为日军做事，并对亲戚经商约法三章：不准买卖毒品，荼毒百姓；不准囤转粮食，危害民生；不准与敌伪通商，伤害民族自尊。抗战中陆氏族人遵其教导，保持民族气艺，没有一人为敌伪做事和通商。

中华人民共和国成立后，陆小波历任镇江市政协副主席、省工商联副主席、省政协副主席、全国工商联常委等职。他积极响应党和政府的号召，贯彻党和政府关于“两条腿走路”的办学方针，积极兴办学校，培养人才，继续大力支持镇江教育事业的发展。他又多方集资，动员工商界有钱出钱，有力出力，创办了一所民办中学。当时有一定经济实力的企业家，如刘国钧、严惠宇、吴慎裕都慷慨解囊。学校筹备期间，成立了校董会，公推陆小波为董事长，刘国钧、伏镇钧、刘锡康为副董事长，仲伟瑞、杨公崖为董事，学校定名为“团结中学”。经陆小波提议，将市工商联布业公所的两间房屋拨给学校作为校舍，又请姚哲任校长，保证了学校的如期开办，及时解决了部分青年就学的实际困难，为镇江市教育事业的发展贡献了力量。

陆小波对镇江文化事业的贡献也很突出，镇江博物馆的发展得到过他的大力支持。镇江博物馆是1958年成立的。当时，陆小波是镇江文管会的副主任，他对博物馆的创办很关心，带头捐物，把自己收藏的清代书法篆刻家吴让之刻的青田山水石雕大印章5枚和明代安徽篆刻家穆青刻的一套《阴文》印章93枚，以及清代镇江画家潘思牧等人的10幅山水、花鸟画捐献给了镇江博物馆。

陆小波还利用自己的人脉关系和社会影响力，积极动员镇江的知名人士捐赠，为博物馆争取到了大量的珍贵文物。在他的努力下，镇江的在沪银行家袁佐良把他几十年收藏的字画、古籍图书连同楠木书画箱，以及一张早年从清宫内购得的紫檀木九龙床等449件文物捐给了博物馆，其中捐出的400多幅明清书画经过了中国画院院长陈半丁的鉴定和题签。

当时袁佐良住在上海，他的这些书画寄存在北京陈半丁的家里。他听说陆小波为镇江博物馆倡捐的消息后，就给陆小波写信，表示愿意捐赠。陆小波收信后，马上赶到上海和袁佐良商量，两人达成了捐赠协议，由袁佐良指派自己的全权代表同博物馆的代表一起去北京提取书画。在陈半丁的协助下，这些书画顺利地运到了镇江。

1963年，在武汉的镇江籍银行家唐嵩山将所藏的532件文物捐给了镇江博物馆，这里面也有陆小波的功劳。唐嵩山喜欢收藏地下文物，收藏有许多商周青铜器、隋唐鎏金铜佛像、北朝陶瓷俑等珍贵文物。抗战时期，他把收藏的文物装了十大箱，派下属送到四川成都去妥善保存。后来，他听说陆小波动员捐献文物的消息，就来到镇江，在陆小波的建议下，改变了原来打算把文物捐给金山寺的想法，决定捐给博物馆。

后来这批保存在成都的文物被扣，并准备移交给成都的文化部门。陆小波知道此事后，利用在北京开会的机会，找到四川省的一位副省长说明情况，介绍了唐嵩山的爱乡情结，得到了这位副省长的理解和支持。很快，成都方面把这批文物还给了镇江。

还有在沪的镇江籍银行家罗雁峰收藏的清代镇江画家的 176 幅名画和 3 幅苏州画家的作品，经过陆小波的努力也捐赠给了博物馆。罗雁峰曾担任过北洋政府财政部的次长，新中国成立前在上海收集了不少家乡画家的作品。他和陆小波是好朋友，当陆小波写信动员他捐画时，他说家乡人的画他生前还想看看，等他死后一定捐给镇江。1960 年，罗雁峰去世，陆小波随即给罗雁峰的家人写信，讲了罗雁峰生前的心愿，又派博物馆的人前去接洽。罗雁峰的家人对陆小波非常信任，同意按他的意见办。陆小波又为博物馆争取了一批名画。

陆小波对绍宗国学藏书楼聚书也大力支持，他不仅亲自从上海征集图书文物，还动员在沪的镇江籍银行家唐寿民，把自己的藏书捐赠给绍宗国学藏书楼。唐寿民做过上海银行副总经理兼汉口分行经理、中国银行常务副总经理兼业务局总经理、国华银行总经理、交通银行总经理和上海造币厂厂长、中央造币厂厂长等职，是上海滩有名的银行家。唐寿民喜欢收集文物和书籍，手上积累了不少珍贵的东西。在陆小波的劝说下，他把一生收藏的近 500 件文物字画和书籍都捐赠给了博物馆和绍宗国学藏书楼。

绍宗国学藏书楼中还接受过泰州支家的古籍藏书，这里面也有陆小波的功劳。泰州支家藏有古籍 10000 多册，其家人写信给陆小波，问他如何处理这些古籍。陆小波告诉他们，镇江有座绍宗国学藏书楼，收藏了大量的古籍，他们可以把支家的古籍送到绍宗国学藏书楼。支家人欣然同意。他们和陆家是世交，对陆小波非常尊敬，很快就把这批古籍送给了绍宗国学藏书楼。

人物启迪

为人正直、乐善好施的陆小波是镇江工商界的头面人物，几乎镇江的各行各业都有他的影响存在。他创办过多家企业，是镇江有名的实业家。他对镇江的公益事业出力很多，有过办江南印书馆、自来水厂、汽车公司、京江中学、弘仁医院等诸多善举。他仗义疏财，讲究原则，做生意宁欠自己、不亏朋友的举动，赢得了工商界的好评。他是“人人为我，我为人人”的典范，人脉关系涉及各个方面，在帮助别人渡难关的同时，自己有困难时也能得到朋友的帮助。

张怿伯

记录日军暴行的实业家

张怿伯（1884—1964），辛亥革命志士、实业家。江苏镇江人。其父是前清秀才，以教书为生。张怿伯从小就在家塾读了四书五经，还写得一手好字。1900 年，不愿走科举老路的张怿伯考入了上海电报学堂，毕业后到南京电报局工作。因业务熟练，他被派往北京意大利公使馆学习无线电，学成后到北洋海军“海琛号”巡洋舰任电台台长。1911 年，张怿伯曾秘密策划领导过北洋海军起义，对辛亥革命的成功做出过贡献。民国成立后，他离开了海军，任赣皖电政管理局文牍员，后担任电报局局长。因个性耿直，看不惯官场腐败，辞去公职。

1916 年，张怿伯决定走实业之路，开始与上海家庭手工业社创办人陈栩园合作，在新河桥创办了上海家庭工业社镇江“无敌牌”分厂，生产“无敌牌”蛤油和蚊香。因他们出产的蛤油质量超过了当时霸占市场的日本“老都生”蛤油，被誉为国内四

张怿伯

大名牌蛤油之一。后来又生产了无敌牌蚊香，与冬令商品蛤油全年配套生产，扩大了生产的规模，产品行销全国各地。上海家庭工业社是上海的一家化妆品公司，拥有蝴蝶、面友、维尔肤等著名品牌，产品畅销市场。

1931 年，“无敌牌”镇江分厂进一步扩大生产规模，改组为“无敌牌”镇江工厂股份两合公司，张怿伯自任无限责任股东和总经理，在镇江发行股票。他用了两年的时间把公司做大做强，组织南洋商业考察团，将产品推广到南洋、港澳一带。

民国期间，镇江是长江流域工商业较为发达的城市，出现了不少民族工商业企业。这些企业为了进一步扩大再生产，曾搞过股份合作制，如上海江南制纸股份公司高资造纸分厂等。其中一些企业还发行股票，公开向社会募集资本，取得了实效。“无敌牌”镇江工厂股票也是其中之一。

当年“无敌牌”镇江工厂股份两合公司发行的股票现在还可以看到，股票的正面有股东户民、公司名称、设立登记、股份总额、每股银数、交款时日等内容；股票的背面是利息单，注明“每届给发股息须凭此单登记”等内容，列有从第一届到第二十届的利息清算表。如第一届下注“五股依照全年官红利一分八厘计算，计有六十元一角”字样。背面还列有股票出让的有关事项。

这张股票的外在形式也颇具民族风格，采用了装饰性花纹设计，是一种官方文书的形式，简洁明了，古色古香。股票的文字内容如一则公示的清单，给人新颖别致的感觉，为后人研究镇江的民族工业史提供了实物资料。

正当张怿伯的事业进行得如火如荼的时候，战火烧到了镇江。1937 年 12 月 8 日，日本侵略军攻占了镇江，张怿伯和夫人守在新河桥的工厂中，险遭敌人的枪弹射杀。他看到日军在镇江大肆烧杀奸掠十日，他的工厂、家屋和沦陷前储存的食物均被日寇强抢一空，他的三儿子被日寇杀害。亡国之痛使他愤而写下《镇江沦陷记》一书，翔实记录了日寇的野兽罪行，为镇江留下了日军罪行的信史。书稿写成后，他又自费出版，免费寄送，向全国各地寄出 4000 多册，激发了中国人民的抗日激情。

在镇江沦陷期间，日寇觊觎张氏的企业，一直想尽办法谋夺。日寇在新河桥开设了酒精厂，抢夺当地的化工资源，同时派人给张怿伯的工厂施压，要他迁让厂房，使出了各种手段挤压，五次交涉，均被张怿伯拒绝了。于是，日寇唆使伪县长黄香谷出面把张怿伯召去，逼迫他迁出新河桥。张怿伯对伪县长说：“要我签订契约，作为允诺，我绝对不能承认。如果你们用强力来占厂，我是老百姓，无法抵抗，只好听你们的。”伪县长一听火了，使出他迫害人民的高压惯技，说：“你拒不签约，就是反对大东亚圣战！”

张怿伯仍坚持不屈服，一直与日伪方对峙周旋了许多年。最后，日寇图穷匕见，使出“军部限期签约，否则即行没收”的一招。但这时候的日伪已经穷途末路。没过几天，日本政府就宣布无条件向盟军投降了，张怿伯的工厂终获保全。抗战胜利后，他集资创办金山化学工业股份有限公司，恢复了原有的“无敌牌”产品，产量也逐渐恢复到鼎盛时期。

除《镇江沦陷记》外，张怿伯还写过《守厂记》和《辛亥海军举义记》等。

人物启迪

张怿伯是镇江的一个爱国实业家，以生产“无敌牌”蛤油和蚊香出名，产品曾行销国内外。他创业和经商具有超前的意识，注重调查研究，根据市场调整自己的经营策略，是民国时期最早发行股票的实业家之一。他的爱国之举影响很大，在抗战时期，他不顾个人的安危，用笔记下了日寇在镇江的暴行，所撰写的《镇江沦陷记》具有深远的教育意义，是一部关于日寇在镇江罪行的信史。

陶氏家族

清末民初的丝绸大户

在镇江地区，陶氏家族以经营江绸业而著称。在近代列强冲击、新旧并存的历史背景下，这个家族一方面坚守传统的家族观念，另一方面依托时代的浪潮，精心打造家族事业的内部环境。陶氏家族诸绸号在人才、资金、信息等方面具有明显的优势，他们把原料进购、生产加工和产品销售进行有机协调和联结，在镇江区域社会中发挥了重要作用。陶氏家族组织也在经营江绸业的过程中，不断发展和完善，最终从一个名不见经传的平民小户，一跃成为镇江地区的名门望族。

江绸的生产和贸易，在镇江的经济结构中占有非常重要的地位。江绸业在清乾隆末至民国 30 年（1941）以前大体经历了兴起、发展、鼎盛、维持几个阶段。尤其是在太平天国运动结束之后，国内市场对丝绸产品的需求日益旺盛，“输出需要增加与人民日臻富裕，近年来丝绸的织造大有增加，并且可望继续增长”。

五柳堂内的藏书楼

镇江江绸的大绸号有10余家，其中，以陶聚茂、毛凤记、陈恒顺、蔡协记四家名气为大，而陶聚茂更为四家之首。陶氏祖籍江西浔阳，后迁江都宜陵镇。陶氏一世祖梁川公事迹不详。第二世九闲公的继配徐氏于乾隆初年始在镇江定居（民国3年即1914年谱《丹徒陶氏建祠修谱缘起》称在乾隆初，民国19年即1930年谱《凡例》称在清雍正年间，则迁居的时间大体在雍正末、乾隆初之间）。从第三世起陶氏家谱始有准确的纪年。第三世永年公“仅操丝线业以自给”。永年公死于乾隆四十八年（1783）。

永年公的两个儿子谱华公和盛春公分别生于乾隆三十七年（1772）和四十年（1775），“既长业丝线，少盈余，设线肆，曰聚盛，继增绸肆，曰聚茂”。从这段记载看，陶氏家族涉足江绸业大约在19世纪初。当时江绸甚得官方的青睐，“清嘉道间江绸行风海内，织造之采办，内府之赏赉，取给尤多，……”。陶氏兄弟从江绸的流行中捕捉到了商机，并及时转变经营方向，显示出较高的商人素质，这为陶氏家族日后事业的成功，做了良好的商业智力准备。

陶聚茂的原始牌号，传到咸丰年间时，分化为陶聚茂原记和隆记两户。光绪六年（1880），继原记而起的为乾记（聚茂乾），与隆记并存到光绪末年，同为驰名各销区的牌号。当时，陶聚茂原记和隆记在汉口、营口、上海等地都设有分行。

太平天国运动结束后，陶氏第五世，特别是第六世勇于开拓、善于经营，在不长的时间内为江绸业的发展重新开辟了广阔的市场，“既资之以亨利，父绍兄勉，益竞于其业，将以扬诩前烈于无穷”。在陶聚茂牌名上加记的绸号多达13家，这是陶氏家族江绸业最为辉煌的时期，也是江绸业本身臻于鼎盛的时期。江绸业的兴盛对镇江社会经济的发展，其积极意义不言而喻。

虽然陶氏家谱没有留下关于绸号内部经营管理的细节材料，但是结合其他史料和论著，我们仍然可以对此有一个比较清晰的了解。据《清稗类抄》，“江绸，为镇江出产之大宗。……开设行号者十余家。向由号家散放丝经，给予机户，按绸匹计工资，赖机织为生者数千口”。《续丹徒县志》卷14《人物八》陶怡条“先是昆季世绸业，有溧阳王性明者，卖丝得银币八百元。闻警（指太平天国）有戒心，愿存怡处，取券各谋他适”。这样看来，陶氏绸号不仅把丝绸生产的主要程序连接起来，同时，还掌握了原料进购和产品销售渠道。由此，绸号成为当地丝绸生产与销售的枢纽。

在近代江绸业的发展过程中，除陶氏家族之外，因经营江绸而闻名的还有陈氏、章氏、曹氏、焦氏、殷氏、毛氏等绸号，

“而陶氏业最久”。陶氏绸号能在众多竞争者中独占鳌头，主要得益于其对国内市场的积极开拓，同时，还在于其产品有较高的信誉保证。

据《江南丝绸史研究》，领取账房丝料的机户和机匠必须按照账房的有关规定和要求生产，在成品上织上账房的牌号，完工后送给账房验收。“陶氏货犹独造，为殊方人士所乐购”。可见，陶氏江绸货品的质量在同类中实属上乘。

陶氏绸号有固定的织工机户，内部应该有比较严格的质量管理，因此才能一再扩张。民国25年（1936）出版的《江苏省会辑要》第六章《实业》第四项为江绸业，内中称“陶聚茂、陈恒顺、毛凤记、蔡协记为著名之四大绸号”。可见，在镇江各绸号中，陶氏家族经营的江绸业业绩最为突出。

陶氏绸号能够在众多的竞争者中取得骄人的业绩，与当时陶氏家族所处的世系结构有内在联系。该家族于嘉庆初年从事江绸贸易，到清末民初陶兆奎被誉为绸业执牛耳者，中间经历了一百余年。其中的血缘关系，却是处在宗族血缘纽带中最为核心的部分，如父子、亲兄弟、堂兄弟、亲叔侄、从叔侄，“无旁支远属搀厕其间，……且皆列在五服”。

陶氏家族不仅血缘关系密切，并且“聚居于一城，范围于一业”，使陶氏家族江绸业在发展中能够相互合作、互通信息，在人才的使用及绸号的管理等方面具有比较优势。如第五世陶恂与其侄陶兆桂“合创聚茂厚号”，陶兆桂“悉心经营，推广销路，自鄂而湘而滇而黔，致各府信仰，创业自是告成”。陶兆桂之弟陶兆第，以及陶恂从侄陶兆昌曾在绸号内任会计，陶兆昌“在厚记司会计，昕夕勤劳，视号事如己事”。又如第六世陶兆勤“随从兄德符公服贾汉口，志在复旧业也”。而陶兆祥（德符公）在道光二十六年（1846），就曾随第五世陶恂、陶悦“赴鄂设肆”。

在绸号内部，家族成员共同制定规章制度，分工协作，共担风险。如陶兆桂率领三个兄弟所创聚茂乾号，弟兄们分头负责在外埠的绸号，“规条悉余兄弟所定，布置妥帖，数十年无更易。同心营业，渐次扩张”。陶兆桂和三兄弟遵循家族的规定，从光绪初年到末年齐心创业、合力经营，从而把所经营的江绸贸易一路发展壮大。

陶兆奎所创聚茂福记也是“有乃兄乃弟之运筹帷幄，更赖有公之决胜千里也”。才能“以五百金起家，累至钜万”，同样是依靠同胞兄弟们的同心共事。

在第五世和第六世时期，陶氏各房各支的经济能力是有差别的，但是他们大都没有抛弃祖业，而是在家族环境下通过人力与资金的重新组合，把江绸业一路维持下去。一方面，使用家族成员显然可以提高管理水平，有效地降低遭遇外部风险的可能性，而在其他家谱中常能看到反面的例子；另一方面，这些后辈子侄学到了经营江绸业的技能和经验，可以为日后自己独立营业打下坚实的基础。如此成功的合作，显然得益于居于核心地位的血缘关系和聚居于一城的地缘关系。

最后把祖传的丝绸家业做强做大者，是第六世中的陶怡一支和陶源一支。在清代，陶氏家族江绸业的规模呈不断扩展的态势，其销售网络遍及长城内外、大江上下及云贵高原。清末民初，陶氏绸号的销售规模虽有所收缩，但其资本开始部分流向江绸的生产加工，这一变化有利于江绸生产往分工与协作的专业化方向发展，有利于对产品质量监督和管理，从而增强民族工业抗御西方列强经济压迫的能力，符合近代维护民族利权的时代要求。

经过近两百年的努力，到20世纪初，陶氏家族由一个外来平民小户一跃成为地方望族。1914年，李遵义序称陶氏“子孙蒸蒸，聚族而居，称著姓焉”。民国19年（1930），何希澄序则把陶氏家族与南宋以来定居于镇江的赵宋皇室后裔相提并论：“吾邑号称望族者莫如大港之赵，丁口达数万，而寄籍各省者犹不与。……而近代以来可与赵氏比隆者则为陶氏。”从陶氏两次纂修族谱看，当地著名士绅陈庆年、李丙荣、李遵义等为之作序、作传，近代名人于右任、郑孝胥为之作传、书碑；陶氏第六世兆全之子“娶同邑江都县教谕李遵义女”。这说明至清末民初，陶氏家族已有相当的社会影响力，并且被当地上流社会士绅所普遍承认。

在镇江地区，陶氏家族所建立的诸绸号，在区域经济网络中成为一个个富有活力的枢纽，建立了一条从原料采购到机户加工到产品销售的顺畅通道，从而为区域经济和社会发展做出了重要的贡献。建立在血缘关系基础上的家族事业，在资金筹集、人才使用及组织管理方面，与非血缘关系下的贸易经营相比，有明显的比较优势，抗风险能力较强，其能够历久不衰也在情理之中。

人物启迪

百年来，镇江以江绸业发达而闻名于世，执其牛耳的陶氏家族更是不同凡响，是镇江江绸业的“大哥大”，数百年独领风骚。这个家族的敬业精神十分可贵，“父绍兄勉”，奏响了创业之歌。在家族环境下，兄弟间群策群力，科学管理，及时调整自己的经营方向，大胆地在各地建立分支，向外地扩展，成为镇江江绸业的领跑者。

柳氏兄弟

实业行善的领跑者

清代镇江的慈善业，在全国还是很有分量的，不仅规模大，参与者多，而且持续时间长、国内影响大，慈善事务的范围曾经扩大到山西、山东、陕西等省，救济了数以万计的灾民，做了许多善事。其中，柳氏兄弟创建的同善堂贡献尤多。在地方官府和士绅的扶持下，柳氏兄弟同心协力，分工明确，各尽所能，保证了同善堂的可持续发展，取得了显著的成绩，成为镇江慈善业的领跑者。

柳氏兄弟中的老大叫柳昕，字少云，清代慈善家。他承家训，孝父母，与兄弟和睦，同心助善，和柳恂一道赢得了“柳善人”的赞誉。柳昕在清代镇江民办慈善事业的发展中，发挥了带头人的作用。

同治初年，柳昕与陈茂才在大港等地创设保婴局，经营40年，活婴逾万。光绪年间，他主持同善堂事宜，协助镇江知府王

同善堂

仁堪赈济灾民，养活耕牛 7000 多头，还做了许多其他善事，使善举之风成为时尚。

老大柳昕还和其弟柳恂、柳暹一起，将赈济灾民的义举推向山东、陕西、山西等省，前后捐资超过了 10 万金。辛亥革命后，他又积极参与镇江救济旗民的事宜，给他们提供自食其力的机会，避免了许多人流浪街头。晚年举孝廉方正，他坚辞不受。

老二叫柳恂，字以诚，号鹤侪，清代慈善家。他笃行高尚，乐善不倦，不慕荣利，郡中善举，多赖之和兄柳昕主持。他和柳昕一起创设、经营同善堂，做了许多善事，大江南北慕其义行。每当灾区告急，他总是悉力筹划，倾力捐赠，而不居其名。

光绪二年（1876），山东青州大旱，他致书名士严作霖，首倡义赈，捐资千金。光绪庚子间，陕西发生天灾人祸，他又以千金助赈。生平输助善举达数万金，被称为“智周道济，安土敦仁”之士。

老三叫柳暹，字祝三，清代慈善家。他在镇江创设润昌绸业20多年，获利极厚，这些利润大多被用来资助镇江地方的各项善举，尤其是同善堂的资金来源多是他提供的。对其他省的灾情，他亦尽力救济，先后办理过安徽、湖南、陕西的赈务，慨然募捐钱物，亲赴灾区赈济。

他在办理陕西赈务时，因陕西地势偏远，面积大，困难多，工作量大，以致积劳成疾，几乎丢了性命。西安灾民知道他病倒了，纷纷为之祈祷。本省徐州、宿迁一带受灾，他利用办理赈灾后的余留款五千金，设局收养遗婴，受到当地人的赞扬。

辛亥革命后，他又与本城徐国安、于树滋等人捐资倡办慈幼工艺厂，许多旗人赖以为生。

镇江同善堂旧址位于现在的新河街12号与14号之间，今尚存三开间二层小楼，临街的水磨雕花砖门楼上，有大理石门额一块，上书“同善堂”三字。镇江同善堂创办于同治八年(1869)，由柳昕、柳恂、靳文泰、于学源和严作霖等创立。最初的地址在镇江西门外小闸口临河处。

同善堂的大门朝北，五架梁的平屋，三间对两厢。后进楼上下五架梁四间，左边耳门外有一座字纸炉，炉对面还有一座小房子。后来因为运河水泛滥，同善堂常常被淹，所以决定移建新址。

光绪二十四年（1898），柳氏兄弟在新河街购得一块地皮，开始营建新的堂所，光绪二十六年（1890）正式完工，同善堂从旧址移建到新河街龙亭会所左边的新址。镇江同善堂创办的理念继承了中国民间善堂和善会劝善、行善的传统。柳氏兄弟希望通过同善堂的慈善举动，带动社会形成人人为善的风气。

经过艰苦的努力，他们从最初惜字的善举开始，发展到开设粥厂、散米散钱、掩埋无主尸体、立义地和建义学，以后又扩展到结社恤嫠、育婴、施药、冬赈、备荒、济贫等多方面，通过不断地扩大慈善范围，最终成为镇江各种善举的“总汇之所”。

柳氏兄弟除了四方募捐善款维持同善堂的开支外，他们自己投入的资金也难以计数。他们不辞辛苦，创办实业，以支撑善举。柳昕对镇江文化事业的最大善举是创办善化堂。光绪初年，为了弥补同善堂的经费开支不足，他在镇江小西门浮桥西创办了善化堂书坊，积极从事刻书和售书业务。为提高书坊的声誉，柳昕从苏北江都招来了孙文清、孙菁城等一批善剞能手，又延请当地名学者孙庆甲、孙维琪父子充任书坊的校雠，还寻觅书法家周兰生等为善化堂充任书手。

善化堂是镇江刻书最多的书坊，主要以刻经史类书籍、童蒙读物和医书居多。善化堂刻书在校刊上严格把关，刻书精品颇多，其中以万子昭撰《笔谏》10 卷和《书经集传图序全书》6 卷质量最好。善化堂不像一般书商急于求利，往往草率从事，而是质量优先。如所刻《史鉴节要便读》称：“甲辰秋本室重刊斯书，曾延明宿校勘，诚恐仍有舛讹，塾师检出务请详细函示本室，俾得纠正，庶不致贻误童蒙云。”由于善化堂经营有方，书坊规模不断扩大，刊布益多，经销的古籍也多，发展成为镇江最大的书坊，一直经营到新中国成立后公私合营，被誉为镇江的“李光明书庄”。刻书卖书的所得多用来经营同善堂。

柳恂经营的烟行年末结余，不少也都投入同善堂的日常开支中。老三柳暹的绸业行也贡献很大，他虽不常参与同善堂日常具体事务的管理，但同善堂重大的决策他仍是主要参与者之一。更重要的是，他把自己商业经营的获利，大多投入同善堂的经营中。老二、老三同心协力，全心全意地扶助老大柳昕所倡办的义举，不惜把自己的经营所得，无条件地支持同善堂的发展，保证柳昕的各项善举获得成功。正如柳昕之子柳福奎所云：“岁有所余，两叔父咸归善举，故先严能行其志，而不穷于用。”

当时同善堂内的用工、工人饭食，以及义塾的开支，都是柳氏兄弟自己承担的。为了同善堂的长远打算，柳氏兄弟还在金坛的南乡和东乡购置了近五百亩田产，将其出租的收入用来补贴同善堂的善举之用。经过合理的经营规划，同善堂的义举能力不断增强。柳昕曾开心地说：“由是三十余年，义举日渐加多。如大港创立育婴堂，郡城增设敬老会，恤火赈以及山东、燕、豫、秦、晋等省义赈，并本邑赈捐等事，虽属众擎，而成靡不由堂集议而始。”

光绪十七年（1891），柳昕代表同善堂同仁向镇江知府王仁堪提出了在镇江南乡的丰城村设义塾、创保婴、招垦荒、兴栽植的建议案。王仁堪采纳了他的意见，并支持他去办理具体的事务。柳昕在丰城村建了学社，创办了保婴局，又购置了千余亩山田，雇工耕种，以收租的利润扶持各项善举的开支。

在镇江知府王仁堪的关心和信任下，柳氏兄弟创办的同善堂为兴修水利工程也做了不少好事。他们不仅帮助王仁堪出谋划策，也直接参与具体的管理事务，在社会上的影响也越来越大。

如王仁堪筹集到兴办水利的资金后就直接交给柳昕管理，所有的支出项目都由他负责记账安排。王仁堪曾说：“润城共事醇厚可信，祇有二柳见爱愈深。”在镇江三年，他把柳氏兄弟看作自己的左右手，在开塘挖沟、种树养牛、修筑堤坝等事务上征求他们的意见，一些事务也直接交给他们去办。

为保证同善堂经营的各项善举有效推进，柳昕每个月都要到各个点去检查督促，发现问题，及时解决。柳福奎曾经说其父，“月必巡视，察其勤惰。四乡所设保婴，若高资、若宝堰、若巉冈、若前柏、若大路镇，岁必亲临验视，务尽其实”。地方政府委派的官员到各地考察善举落实情况，完毕回报也都称赞柳氏兄弟办事认真，全心全力。

柳氏兄弟同善堂的善举曾多次得到官府的褒奖。光绪三年（1877），他们经办河南的善举，官府颁给了“志乎任恤”的匾额。光绪十四年（1888），他们办理丹徒的义赈，官府颁给了“义重粉榆”的匾额。光绪二十七年（1901），他们经办沙洲的义赈，官府颁给了“见义勇为”的匾额。

人物启迪

柳氏兄弟能获得“善人”的赞誉，名不虚传。他们数十年如一日，把行善作为自己的终身追求，其情十分感人。柳氏兄弟创办实业的特点是为行善打基础，增活力。他们通过兴办实业，让善款有保障，善行能维系，通过同善堂，为镇江的慈善业做了很多贡献，成为镇江善举的引领者。他们的无私令人敬佩，所创设的润昌绸业、农庄、善化堂书坊的收入毫不犹豫地投入镇江慈善事业，这种高尚情怀足为创业者的楷模。

吕凤章

懂管理的实业家

吕凤章（1915—1982），丹阳人。镇江中学毕业后保送清华大学，毕业后赴德国留学，入阿亨工业大学，获德国国授工程师。民国27年（1938）返国，初任教于西南联合大学及西北工学院。民国29年（1940），受聘于中国银行投资之雍兴实业股份有限公司，随束云章开发西北，先后成立纺织、毛纺、机械、面粉、酒精、煤矿、运输等10余厂矿。

雍兴实业股份有限公司，是抗日战争时期宋子文创办的官僚垄断资本企业，全部资本由宋子文为董事长的中国银行西安分行投资。由于陕西古代属雍州之地，中国银行西安分行内部简称“雍行”，因而它的附属企业取名雍兴实业股份有限公司。

雍兴公司作为雍行经营副业的化身，它的高级职员基本由雍行人员充任，公司总经理就由中国银行西安分行经理束云章兼任。束云章倍受宋子文器重，与国民党要员戴季陶、朱家骅是儿

蔡家坡纺织厂

女亲家，是当时中国纺织界的巨头，在经济界赫赫有名。

雍兴公司主要经营棉纺织业，由于资本雄厚，原棉有中国银行所属的中国棉业公司做后盾，收棉打包机构据点很多，豫、陕一带的好棉绝大部分都落到了雍兴公司的打包厂。因而1940年雍兴公司成立后，短短两三年内，就在陕西的西安、咸阳、宝鸡、蔡家坡、虢镇和甘肃的兰州等地先后经办了13个厂矿。如果加上代管雍行享有权益的一些企业，就有20多个企业。抗日大后方，当时一共才十几万个纱锭，雍兴系统就占了7万多锭，是新中国成立前西北最大的垄断资本企业。

在雍兴公司创办和经营的过程中，吕凤章是束云章的主要助手。他是公司的总稽查，参与了其公司下属三大厂的建设和管理。雍兴公司成立的当年，就收买了山东济南成通纺织公司自制未完的半成品棉纺织机6000锭，聘请留德化学博士杨毓桢等人，勘察地形，选择厂址，在蔡家坡火车站东边征地400多亩，投资300万元，筹建了雍兴公司蔡家坡纺织厂。与此同时，又征地200多亩，分别筹建了雍兴公司蔡家坡西北机器厂和蔡家坡酒精厂。这就是人们常说的新中国成立前蔡家坡三大厂。

吕凤章曾兼任西北机器厂的副经理。蔡家坡西北机器厂是雍兴公司为在西北大后方经营棉纺织工业而建的专门修造纺织机械的配套企业，计划投资150万元，征地116.4亩。1941年3月破土动工，7月底开始承担雍兴公司所属各厂的修配任务，实现产值24.5万元。1943年到1945年是雍兴公司西北机器厂的主要发展时期。

这一时期除修造纺织机械外，还研制生产了许多自用设备，生产能力不断扩大。抗战胜利前，已拥有各种生产设备260多台，职工800多人，可以承担全程纺织机械的制造任务。新中国成立前夕，吕凤章将西北机器厂的100余台生产设备和部分员工搬迁到江苏丹阳，后又转运台湾。

吕凤章还担任过酒精厂经理一职。雍兴公司建有蔡家坡酒精厂，由于当时汽油奇缺，自制酒精以代替汽油，解决了雍兴公司西北运输处120辆卡车的动力用油问题。蔡家坡酒精厂与纱厂、机器厂同时动工兴建。酒精厂投资150万元，征地100多亩，购置了20马力锅炉等生产设备，部分设备由西北机器厂生产。先采用干燥法制取，后采用液体发酵法，月生产酒精26万加仑，需用高粱、玉米、大麦等原粮120千克。

蔡家坡酒精厂还附设有面粉加工业务，工人最多时为420人。后来汽油有了来源，就停止了酒精生产，扩建为面粉厂，安装了西北机器厂自制的大型面粉机，日产面粉500袋，供应公司各厂及市面应用，还兼营酱油、味精、食醋、淀粉等调味品。

吕凤章1949年去了台湾。1954年他筹建了生产嫘萦丝的“中国人造纤维公司”。1962年成立了生产合成纤维的耐隆工厂——联合耐隆公司。5年后，又创设了华隆公司。他曾任“中国机械工程学会”、“纺织学会”、台湾区人造纤维制造工业同业公会、“中华民国管理科学学会”等理事长，以及华隆公司、联合石油化学公司、华光工程公司等董事长。创办了纺织月刊《新纤维》，编修了《纺织手册》。1982年逝世，终年67岁。

人物启迪

吕凤章是中国纺织大王束云章的主要助手之一，科班出身，懂得企业现代化管理的重要性。在束云章开发大西北的进程中，得到了吕凤章的鼎力相助，他多次接受束云章赋予的重任，参与筹建并担任多家厂矿的负责人，其协调组织能力和管理能力助推了企业的发展，也为支援抗战大后方建设发挥了积极作用。

马聘三

华侨中的巨商

镇江马氏人才辈出，他们或从商，或从政，或从文，主要有三大类型。第一类是以马聘三为首的日本财团，他们积极资助革命；第二类是以近代史上有名的“讨袁七将军”之一马贡芳为首的青年，他们追随孙中山，回国投身辛亥革命；第三类是以马相伯、马建忠兄弟为首的中国近代知识分子，马相伯是复旦大学的创始人，曾任北京大学校长，马建忠留学法国，撰写了中国第一部语法论著《马氏文通》。

马聘三，江苏镇江人，1870 年出生，又名马席珍，父亲马掣才，母亲贾淑媛。他在日本神户居住长达 30 年，授大清领同知衔，是神户三江帮的侨领之一。司马聘三是他的日本名字。

马聘三很早就去了日本，他少年时曾在神户华商开设的贸易商号当过学徒。到 1892 年，已经在神户华商中自立门户，独资创立了复和裕洋行（Fukuwayu & Co.），并担任总经理，由其长子

马聘三

马腾骧、次子马宗杰主持日常业务。主要经营日本海产品输华及火柴、砂糖等业务，对日输出中国的苎麻、皮革、五倍子、杂谷、肥料、麸、米、牛腊及其他土特产。

资料显示，1902 年该行输出火柴总额已达 43550 日元。日本历来为制糖的输出国，马聘三的复和裕洋行主要经营日本大里车白糖（台湾大日本制糖会社出品）和大正车白糖（大正制糖会社出品）。复和裕洋行、三井物产株式会社、三菱商事株式会社、增幸洋行、高津洋行、山口商会并列为上海六大食糖进出口行商。

马聘三在日本侨界三江帮中的地位也逐渐提升。自 1868 年日本神户开埠以来，移居该地的华人主要是来自三江、闽南和广东的商人。当地华人按照籍贯及方言组成了各大帮派，其中三江帮的成员多来自江苏、江西、浙江。

1897 年，一部分在大阪川口地区的三江帮商社与广东帮商社移居神户，与神户的三江帮汇合，成立三江商业会议所。吴锦堂、马聘三逐渐成为当地的华侨领袖。

1909 年 3 月 13 日，神户中华商务总会成立，广东帮郑祝三任总理，三江帮马聘三、福建帮王大川任协理，会址附设于神户中华会馆内。4 月 1 日，马聘三和上海人陈源来在北长狭通 5 丁目 26 番合资创建三江公所大楼。9 月 27 日，清农工商部奉旨准颁以“神户中华商务总会关防”一枚，委任总理花翎·道衔郑瑞图（祝三）、协理同知衔马席珍（聘三）、蓝翎·同知衔王德经（大川）等。

1907 年，马聘三的业务开始向国内延伸，他的复和裕洋行在上海设立分行，资本额 20 万日元，地址在宁波路 40 号，在扬州设支店，负责人是马聘三次子司马宗杰。1916 年，复和裕洋行在汉口设分行，汉口分行初设在英租界怡和路（今上海路 11 号）。首任经理为浙江人王锡三，买办胡虎臣。

马聘三经常代表神户商会参加一些重要的商务会议。1912 年 11 月 1 日，北京政府工商部在京召开了全国临时工商会议，各省到会的实业家共 100 多人，开中国“工商界数千年来未有之盛举”。中华民国侨日神户商务总会委派马聘三作为神户代表参加会议，会议期间他提出“实行免厘增加输入税实行奢侈品消费税收之计划”建议。

11 月 13 日，中华全国商会联合会发起会议召开，马聘三是来自海外参与大会的 13 名代表之一，跟杨度、梁启超等一起被列在 24 名来宾名录上。12 月 17 日，中央商学会会长向瑞琨向政府工商部提议在北京西长安街学会内附设列国通商行船条约研究会，每月发行杂志汇编或临时编刊，每月经费 200 元，这个提议获得神户代表马聘三的大力支持。

1913年2月1日，神户商务总会特开大会，听取马聘三设立商约研究会理由书，全体公决，由吴锦堂、马聘三各担认30元，广业公所公认20元，三江、福建公所各公认10元，合成每月100元，按月照缴，以一年为期。

“通商行船条约”是清政府与外国签订的若干商约的总称，包括《中英续议通商行船条约》《中美通商行船续订条约》《中日通商行船条约》。其中，《中日通商行船条约》严重损害了中国的权益，是《马关条约》的延续，签订于1896年，为期10年。

1913年年初，为了改正《列国通商行船条约》，收回治外法权，振兴民族工商业，吴锦堂、马聘三等大力支持设立通商条约研究会，但没有得到政府的积极响应。工商部在3月17日的批令中以“国际商约关系重大”为由驳回各商会一律照设研究分会的申请。

1917年2月18日，吴锦堂、马聘三、郑祝三等邀请日本当地的100多名实业家在中华会馆召开了会议，针对中日贸易陷入危机，提出相应的对策。3月5日，神户中华总商会副会长马聘三向全国商会联合会寄了公函，倡议中日一起实现中国的税制改革，推动海内外商会与政府共同研究对策。

马聘三的言行同时代表了与中国有实际交易关系的日本经济界的意见。他面向国内外中国商会的呼吁就是神户中华总商会企图通过号召中国实业界来探讨中日合作的可能性。1918年，神户中华商务总会改称神户中华总商会，马聘三历任该会会董、协理、经理人、副会长等职，他积极振兴华侨经济贸易，兴办华侨教育，为神户华人谋求社会福利。

马聘三在支持革命运动方面相当活跃，不是在商只会言商一类的华侨。清末民初，海外华侨有“革命之母”的称号，孙中山曾感慨：“我海外同志，昔与文艰苦相共，或输财以充军实，或奋袂而杀国贼，其对革命之奋斗，历数十年如一日，故革命史上，无不有华侨二字。”在孙中山、宋教仁、黄兴等老同盟会会员流亡日本时，复和裕马聘三与怡生号吴锦堂等财团在经济上慷慨解囊，是革命党人在日本的主要经济靠山。

马聘三一生与孙中山、宋教仁、黄兴、陈其美等人的交往甚笃。1911 年武昌起义之后，他和侨居神户的华侨就开始公开支持革命军，或剪发，或非议清廷，在中华会馆门前张贴“兴汉灭满”字样。革命情势日益高昂，连清廷驻神户领事王守善都被迫剪发。

1911 年 11 月 25 日，王敬祥、周子卿、郑祝三、刘次荆、马聘三等 17 人在神户海岸通三丁目广业公所开会，商讨革命形势。26 日，大阪神户 700 余名华侨就侨商统一事，集会于中华会馆，组织成立中华民国侨商统一联合会，决议选举王敬祥担任会长，周子卿、廖道明任副会长，郑祝三、刘次荆、马聘三等 16 人任会董。

神户侨商统一联合会是支援孙中山的最先锋的商人组织，为支持民国政府的财政开支，除认购中华银行的股票外，还通过该会转交的形式为革命提供各种经济上的援助，并采办军械，组织义勇军敢死队回国支援革命运动。

1911 年 12 月 11 日上午 6 时 7 分，马聘三和刘次荆从神户乘火车抵达长崎，在蒲五岛町旅客旅店宿京屋用过早餐之后，9 时以赴长崎领事馆为名离开旅店。两人随身“携带手提包两只，其中一只内装纸卷包，为神户侨居华人等醵出有关公债证券”，面额达 7 万元。刘次荆护送他上船后返回神户。当日，马聘三乘坐

“博爱丸”驶往上海。这一路的行踪，一直在日本秘密警察的监视当中，并立即由长崎县知事安介谦报告外务大臣内田康哉转报内务大臣原敬。

1912 年元旦，南京临时政府成立，孙中山就任临时大总统。1 月 22 日，日本《神户新闻》发表社论《应当承认民国政府》。1 月 26 日，华侨代表吴世荣、温雄飞、冯自由、黄卓山、马聘三等 14 人上呈南京临时政府内务部，请核准组织华侨联合会。内务部核准后，马聘三与黄卓山被推选为神户代表出席上海华侨联合会。上海华侨联合会是中国最早的全国性华侨组织，参加者多为同盟会会员。它在团结华侨、促使归国华侨参政经商，引导华侨支持新建的民国等方面发挥了重要的作用。

马聘三也是振兴民族工业的热心赞助人。1921 年 5 月 23 日，广东侨商马玉山在上海召开中华国民制糖公司发起人大会，6 月 23 日再开发起人大会，公决通过章程，定名为中华国民制糖股份有限公司，宣布享受北京政府核准免完海常关税及内地一切厘金、杂捐，自出品之日起，以 10 年为期。发起人包括张謇、张謇、李经方、张元济、聂云台、王儒堂、杨小川、马聘三、钱新之、吴蕴斋、马玉山、严直方等 40 人。公司资本总额银 500 万元，分 10 万股，每股 50 元，以上海通用银圆为本位，由发起人认定 400 万元，其余公募之。8 月 4 日经发起人大会议决扩充资本为 1000 万元，共分 20 万股，每股 50 元。

同年 11 月 15 日，国民制糖公司成立大会在上海总商会议事厅召开，李鸿章之子、前清驻日公使、驻英公使李经方任董事长，马玉山、严直方分任总理、协理。第一期即已收足，计银 250 万元，分存 6 家银行。照公司条例，即可成立。推举董事 11 人，监事 3 人。公司设立制造厂于吴淞泰兴路蕴藻浜泗塘河边，占地190余亩，全厂装置德国格雷芬厂最新制糖机器，每日可出糖300吨，规模宏大，是中国第一家大型机器制糖厂，该厂于1925年3月建成开工。

后因二期股款核收缓慢，国民制糖公司财务陷入危机。1926年10月2日，公司第四届股东会召开，否决福建华侨糖业家桢祥糖厂郭春秧承租合同案。会议中，协理严直方提出与益中银团代表陈光甫（上海商业储蓄银行总经理）、吴蕴斋（金城银行总经理）、马聘三签订5年期借款合同草案，交付表决，内容包括：由马聘三、陈光甫和吴蕴斋组织之益中银团允借与公司上海通用大洋100万元，月息8厘计算，每3个月付息一次；银团负责向上海任何银行开定购原料等信用票上海大洋100万元，随时由公司运用此项信用票；公司所有动产及不动产均抵押于银团；推举马聘三为总经理，以满足5年为限，所有制造贩卖及营业范围内一切事业，关于理财、用人、财政及雇用外国技师、聘请外国顾问等，均由马聘三全权负责办理，无论何人不得干涉，如有干涉，照第11条办理，唯遇有特别重要事件，须得公司代表总协理马玉山、严直方之同意；公司如获有盈余，以利益3/10归银团，以为报酬，其余7/10归公司按章程分配；公司所有制品，概由银团另组贩卖机关，负责担任贩卖之事。自此，国民制糖公司由马聘三等江浙财阀负责经营管理。后因外资之争和北伐军进攻上海，上海爆发第三次工人武装起义，日方撤走技师、工匠，马聘三辞去总经理职务，退出了该公司的管理。

马聘三在抗战全面爆发后，回到了祖国。他们这些神户华侨，大部分本来以永远居留为目的，在日本建立店铺与仓库营业，以贸易商姿态出现，其中经营大多超过30年。有的人也加入了日本籍。如马聘三1904年1月加入日本国籍，后归华籍。

改名司马聘三后，1920 年再入日籍。1930 年他恢复原名，改归华籍。可见，他在籍贯的问题上是经过反复斗争的。

1937 年抗日战争全面爆发以后，包括马聘三在内的大多神户侨商，陆续回国，或者停业经营。1937 年 12 月 6 日神户县外事课的调查资料显示，在神户继续营业的华商由原来的 91 家锐减到 18 家，尚在营业者全部为福建帮商号。11 家三江帮商号有 8 家休业，3 家回国。当时马聘三停止神户复和裕号业务，而另一名神户侨领杨寿彭在神户被当局逮捕，受尽折磨，1938 年 2 月惨遭毒杀。

回国后，马聘三掌管的企业陆续交给了他的次子司马宗杰负责，复和裕洋行在上海的日常业务也都由他管理。1943 年，司马宗杰担任了上海全国商业统制总会糖业专业委员会委员，他还参加了张澜领导的中国民主同盟，是一个民主爱国人士。

马聘三还是个孝子。1933 年他的生母贾淑媛在镇江京口病故，他拿出了自己的积蓄，用了三年时间，在南郊竹林寺夹山之麓为生母修建墓林，这就是镇江著名的“马家坟”。

人物启迪

马聘三是日本神户华商中的佼佼者。他很早就开始创业，独资创办了复和裕洋行，开始经营糖的进出口业务，是上海六大食糖进出口行商之一。他积极支持孙中山的辛亥革命活动，不顾个人安危，带领在神户的华商为其提供经费支持。他不仅是一个商人，也是一个社会活动家，参加过多次商界的大会，呼吁收回治外法权，振兴民族工商业。他还直接参与了中华国民制糖股份有限公司的筹划和经营管理。抗战中，他表现出企业家的爱国情怀，回到祖国，兴办实业。

杨瑞祥

民国轮船业风云人物

杨瑞祥（1905—1978），又名键，字管北，以字行，镇江人。其父杨鉴是酒商，在镇江小鱼巷开设杨万顺酒行，兼营门市。杨瑞祥幼年就读于鲍氏私塾，后考入润州中学读书，与徐国懋、李公朴为同学。在校时曾获华东地区教会中学辩论演讲会第一名，后考入上海光华大学。

1927 年，北伐军攻克上海，杨瑞祥由李公朴介绍入东路军总指挥司令部政治部任股长，弃学从政。济南惨案激起全国人民的公愤，上海各界人士组织成立了抵制日货委员会。杨瑞祥和李公朴同任该委员会委员。在此期间，他结识了不少上海工商界名流。后经陈群介绍，他为杜月笙办正始中学，担任校董，从此成为杜门谋士。旧上海形容杜月笙发迹是靠杨度、杨瑞祥、杨志雄三位谋臣策士替他占地盘抢天下，人称“三杨开泰”。

辛亥革命后，上海大达轮步公司与通州大达轮步公司及所有

杨瑞祥

码头实行统一管理。1920 年，改称大达轮船公司，由张謇的儿子张孝若任董事长。1924 年，大达轮船公司有轮船 10 艘，包括“大吉”（1456 吨）、“大豫”（1445 吨）、“大庆”（1405 吨）、“大和”（1001 吨）、“广洋”（653 吨），以及“储元”“储亨”“元达”“亨达”“利达”等 5 艘小轮。1931 年，公司所属“大吉”“大德”两轮连续失火被焚毁，公司蒙受重大损失。股东追究责任，改组了董事会，杜月笙势力乘机打入。杜月笙担任了董事长，他推荐杨瑞祥主持其事，担任掌有实权的副总经理，张孝若被安排为挂名的总经理。至此，大达轮船公司的实际权力已经不在其创始人张氏家族的掌控之中。

杨瑞祥掌握权力后，立刻着手改革。他制定了几项措施：废除船上的买办制，改为事务长制；凡年老体弱且有不良嗜好者，一律劝退；凡有营私舞弊、损害公司利益者，不论其有任何靠山，一律辞退；成立大达大通联合办事处，以免货运低价竞争。

接着，杨瑞祥开始筹备大达轮船公司的分支机构，又让下属的薛鸿记帆轮联运公司、达通小火轮公司，专在皖北、苏北一带从事货运业务。他在皖北、苏北各地所设与航运有关的办事机构中，采取“以毒攻毒”的策略，聘用了不少青帮中人担任经理，这些人不懂航运、不干实事，挂名而已，每月坐拿大洋 200 元。但依靠这些人的保护，大达轮船公司能在原本险象环生的苏北航线上通行无阻。通过此举，他们挤压了对手大通公司的生存空间，业务量渐渐超过了大通公司。

为了招徕顾客，杨瑞祥规定，凡是委托大达轮船公司采买货物的商人，只需预付 30% 的货款，另外 70% 的货款，可由大达轮船公司先行垫付。货物办妥之后，交大达轮船公司运输，取到提单，即去当地银行，连运输费一起做押汇。这样，大达轮船公司一共可赚得运费、代办费、利息差额三种好处。经过杨管北的一番锐意革新，裁汰冗员，苦心经营，大达轮船公司的赢利扶摇直上。

而此时的大通轮船公司日见逊色，虽然几次降低运费价格，拼力相争，但终因大达轮船公司财路广开，资金雄厚，加之有土匪暗中相助，最终败下阵来。无奈之下，大通轮船公司派出代表找杜月笙谈判，要求停止跌价竞争，寻找双方都能够接受的利润分配方法。杜月笙长袖一拂说：“大达的事情是杨管北在管，请去和他商量。”大通公司的代表只得去找杨瑞祥。杨瑞祥说：“大通公司既然不愿竞争，我们何不联营！”这样，他们利用与大通公司联合经营的手段，将大达轮船公司与大通轮船公司的航运业务和赢利比例定为 11∶9，大通轮船公司居于劣势。

与大通轮船公司联营后，大达轮船公司的赢利逐日递增，在航运业的影响力越来越大。1933 年，大达轮船公司又向上海商业储蓄银行贷得白银 60 万两，造成一艘可载旅客 2000 余人的“大达”轮船，生意极为兴隆，强化了杜月笙在航运业的地位。一年后，业务由运河航线发展到江河联运，分公司遍及镇江等地。

杨瑞祥还帮助杜月笙盘得华丰面粉厂，为其跻身工商界出了大力。华丰面粉厂设在小沙渡路（今西康路）上，老板为卢少棠。20 世纪 30 年代，卢少棠因在赌场上惨败，背上数十万元的债务，无奈之下，产生了卖掉华丰面粉厂的念头。

开设面粉厂在当时是很赚钱的，杜月笙得知卢少棠的想法后，立刻叫他的重要经济顾问杨瑞祥设法将华丰面粉厂搞到手。杨瑞祥找到华丰面粉厂一位与他熟悉的陈经理，证实了卢少棠确有卖厂之意，同时了解到已有人抢先一步在接洽买厂事宜。

杨瑞祥闻讯，心急如焚，要求这位陈经理设法将这桩生意让给杜月笙。经他软硬兼施，卢少棠最终答应以 109 万元的低价，将华丰面粉厂卖给了杜月笙。

收购了华丰面粉厂后，杨瑞祥为了扩大该厂的销量，又到苏浙皖等地面粉厂同业公会中任职，帮助疏通各地的销售渠道。

抗日战争全面爆发后，对大达轮船公司的影响很大，为了支持抗战，公司的不少船只被民国政府征用，有的船沉在江中以阻塞日舰的通道，为抗战做出了重大贡献。除此以外，公司的船只也遭到了日军的劫夺，损失严重。杨瑞祥经香港到达重庆办理各轮善后事宜，直到抗日战争胜利，才重返上海操起旧业。那时公司仅剩“大庆”　“大豫”两轮，与大通公司联营，勉强支持残局。

回上海后，杨瑞祥通过招商局总经理徐学禹的关系，承租了招商局接管的几艘小客轮，除恢复了大达、大通联运处，继续经营苏北航运业务外，又将大达公司在抗战时期被日军飞机炸沉的客货轮，一一打捞起来修复，开辟了汉口至上海的航线。其中，“大达”轮船在1948年投资20万美元大修后，代替江亚轮，在上海到宁波间航行。

在抗日战争时期，杨瑞祥还曾利用英美商的名义，成立怡太运输公司，开辟南洋群岛航线。太平洋战争爆发后，他又转移内地，开展滇缅公路运输。

抗日战争胜利后，他又与三北公司、上海银行合作，成立益群轮船公司，购置海轮，经营远洋航运。

1946年7月，杨瑞祥又创办了益祥轮船股份有限公司，地址设于广东路43号。董事长李恫村，总经理杨瑞祥。公司拥有轮船6艘（利民、福民、惠民、福南、福祥、福裕），共计3.4万余载重吨，专门经营沿海及远洋航线的不定期货运业务。除自营船只外，兼代理同业船只8艘的运输业务。这是杨瑞祥经营航运事业的鼎盛时期。

除了航运，杨瑞祥还经营其他企业。他与西安大华纱厂老板石凤翔、西安交通银行经理王燧生等人，合组了大生国际贸易公司，经营纱布、食盐和其他进口贸易，任董事长。同时还担任扬州面粉厂总经理、上海华丰面粉厂常务董事等职。

在社会活动方面，杨瑞祥担任过上海市轮船业同业公会理事、中华轮船业公会全国联合会常务董事、上海面粉业同业公会理事，曾任上海市参议员。1947年，经面粉业推荐，杨瑞祥当选为国民政府立法院立法委员。

1949年5月，大达轮船公司的“大达”轮迁往香港，杨瑞祥去港主事。1950年8月，上海大达轮船公司带头加入私营合营长江轮船股份有限公司。同年，章士钊曾劝杨瑞祥回内地，为内地建设服务，他曾嘱其秘书吴葆初自沪去港为之撰写自传，有为归来做打算的准备。后因情况有变，事未成。

1952年，国际航运市场不景气，益群公司的海轮都是陈旧老船，难以在国际航运市场竞争，杨瑞祥去了台湾。他在台湾继续从事轮船运输业，担任了台湾轮船同业公会理事长，兼任复兴、益祥两家航运业公司的董事长，是台湾航运业的领军人物。他曾一度代表台湾私营轮船业参加世界民营航运国际会议。

杨瑞祥的一生，事业心重，尤其富于开拓精神。同时他也慷慨解囊，乐于助人。如李公朴从美国归来，积极参加民主救亡运动，在经济方面一直受到杨瑞祥的接济。

人物启迪

杨瑞祥是民国轮船业的著名人物，也是跨业经营的实业家。他曾是上海大亨杜月笙的三大谋臣之一，参与过许多杜氏扩张的企业活动，积累了丰富的经验，掌握了一套行之有效的企业管理方法。抗战中，他企业家的爱国之情油然而生，响应号召，投身抗战。先组织沉船阻塞日军舰进入长江通道，又组织航运公司开辟南洋群岛线，还成立轮船公司经营远洋航运。除航运业外，他还跨业发展，参与策划和兴办过多家企业，是名副其实的实业界名人。

吴寄尘

『南通大厦』的掌钱人

吴寄尘（1873—1935），又名兆曾，字缙云，别号咏秋，江苏镇江人。5岁丧父。中年始协助张謇创办南通大生纱厂，曾被张謇任命为大生集团“神经中枢”的大生驻沪事务所的负责人。

大生驻沪事务所的前身是大生沪账房，早在1897年冬天大生还在筹办时就已设立，最初设在沪董之一潘鹤琴供职的广丰洋行里，只管采办物料、购运原料、安排往来人员食宿等，是张謇在上海的落脚点、联络处。以后，几乎成了整个大生系统的神经中枢、金融调剂中心。吴寄尘的舅舅林兰荪在大生驻沪账房任“坐”号（后改称“所长”），在他过世后，由吴寄尘继任。

1918年，大生驻沪事务所在上海九江路买地，1920年花18万两建起一幢四层的西式建筑，名叫“南通大厦”。当大生鼎盛

吴寄尘

之时，上海等地的银行、钱庄争相给大生上海事务所提供贷款，加上宁绍帮和镇扬帮竞争激烈，他们不怕大生借，只怕大生不来借。那时，大生在银钱业眼里，简直就是香饽饽、摇钱树。除了有名的“南四行”“北四行”，送来空白往来折的钱庄最多时就有105家，任由大生透支，不立透支契约、不限透支数额、不用银钱业支票，只用自己划条。

大生掌握的现金最多时有两三千万，能透支的款项在五六百万。大生曾一次借款给英商汇丰银行一千万两，借给日商正金银行五百万两。有熟悉当年金融行情的人说：“中国人不以存款方式，而以贷款方式借钱与外商银行的，只有大生一家。”陈光甫在1915年创办上海商业储蓄银行时，曾得到大生的帮助，张謇也是董事之一，两边关系一直很密切。浙江兴业银行也和张謇交好，经常放款给大生，每逢张謇告急求援，“几乎没有回绝过”。

1918 年，中国棉纺行业的第一个社会团体“华商纱厂联合会”成立，沪上 13 家纱厂全部参会，选举张謇（清末状元，中国近代实业家、政治家、教育家，主张“实业救国”，中国棉纺织领域早期的开拓者）为会长，聂云台（曾国藩的外孙，母亲是曾国藩小女儿曾纪芬，时为上海滩名流，创办多家棉纺企业）为副会长，薛文泰、吴寄尘、刘柏森、杨翰西、徐静仁为董事。

随着大生纺织企业的发展及生产规模的扩大，要求棉花储存的数量迅速增长。由开始每年的 8 万包（每包籽棉 300 市斤）增至 15 万 ~16 万包，丰收年则储存更多。张謇对储仓业也越来越重视，并促使其进一步的发展。1917 年，张謇兄弟和吴寄尘、徐静仁等发起在通、沪两地建立大储堆栈的动议。首先在南通唐家闸成立了大储一栈打包公司，经营储运兼打包业务。

大生纱厂

随着业务的发展，大生纺织企业储存棉花占用的资金由每年数十万两增加到100万两以上，个别年份（1919年）近233.57万两。大部分年份中储存棉花的金额占全年流动资产的70%～89%。除了保证大生集团全年的原料供应外，大生纺织企业还将原棉加工，打包出售，从中获取利润。棉花收购自身获得的盈利也十分可观。1899—1928年，各花庄盈利共333.25万两，占同期营业收入的9.06%。也就是说，棉花的收购、储存和加工获得利润，在企业的总利润中占19.04%。

在十多年中，吴寄尘配合张謇共谋大生发展，两人在共同的事业中亲密合作，肝胆相照，成为同甘苦共患难的忘年之交，在大生集团发展史上谱写了一段充满时代精神与人格魅力的友谊佳话。1926年张謇病逝，吴寄尘为之作墓志，可见他们的关系非同一般。

1928年，张孝若根据其父张謇的遗愿，把当时的南通医科大学、南通农科大学、南通纺织大学合并组建成南通大学。依照当时私立学校条例，由校方聘请校董组成校董会，来计议全校重大事务。南通大学14名校董均为显赫一时的社会名流，他们是李煜、于右任、李宗仁、褚民谊、秦汾、何玉书、钱永铭、张铁欧、许璇、荣宗敬、周威、徐肇均、张孝若、吴寄尘。

张謇去世后，吴寄尘仍然为大生尽忠职守，张孝若在致朱中道的函中，明确表示："实业有吴寄尘、江知源二兄协助伯父主持，亦称得人。二君均忠事吾父患难不去者。"后来，吴寄尘劳累过度，才回到镇江养病。

1930—1933年，吴寄尘慨然以恢复文宗阁为己任，在伯先公园云台山上创建了藏书楼，题名"绍宗国学藏书楼"，以示有志继承和恢复文宗阁之意。

绍宗国学藏书楼在筹建过程中得到了冷御秋、丁传科、赵蜀琴等人的支持。主楼的建筑经费由吴寄尘承担大半，余数由冷御秋、丁传科、赵蜀琴分担。丁传科还捐款14000元，又赠送了大丰垦田2000亩，用它的年息作为藏书楼的常年经费。藏书楼的主楼分两层，具有西欧式的建筑风格，由上海扬子建筑公司承建，1933年完工。

绍宗国学藏书楼落成后，吴寄尘首先将自己的20000余册藏书全部献给绍宗国学藏书楼，同时发起成立绍宗国学藏书楼筹备委员会。筹备委员会的成员有吴寄尘、冷御秋、丁传科、柳诒徵、尹石公、陆小波、严惠宇等人。

绍宗国学藏书楼对外开放后，由于吴寄尘突然病故，遂由冷御秋、柳诒徵、尹石公共同负责藏书楼的事务，担任藏书楼管理委员会的常务委员。委员则由胡笔江、唐寿民、陈光甫、吴蕴斋、吴言钦、严惠宇、包允恭等社会名流担任。他们共同分担藏书楼的日常经费开支。

绍宗国学藏书楼内设立了专职的图书管理员，负责藏书分类编目和事务管理。吴士湛、王旋伯、殷吉符、李竹虚、赵乃隆、江世荣、江万里、曹沛然、王云轩、杨玉书、吴仲升、乔风德等先后在藏书楼供过职。

新中国成立后，藏书楼先后划归镇江市文管会和镇江市博物馆管理，又聘请过鲍鼎、丁志安、沈芷痕等博学之士担任管理员。其中，鲍鼎对藏书楼的贡献最大，他把藏书楼的全部藏书编成了一套完整的古籍书目，著录了古籍藏书3700多种，70000余册。

绍宗国学藏书楼的书源主要来自捐赠。1937年抗日战争全面爆发后，日军占领了镇江，致使绍宗国学藏书楼辛苦集聚起来的20000余册古籍全部散失。抗日战争胜利后，在图书馆学家柳诒徵的倡导下，经过多方捐赠和筹集，才使绍宗国学藏书楼渐渐地恢复起来，藏书最多时达到了90000册。捐书最多的是唐寿民、严惠宇、柳诒徵、丁蘧卿等人，捐书的数量均在1000册以上。

绍宗藏书楼

人物启迪

吴寄尘是镇江绍宗国学藏书楼的创办人，对民国的藏书事业做出了贡献。同时，他还是一个具有声望的实业家，是辅佐爱国实业家张謇创办南通大生纱厂的功臣。他长期担任大生驻沪事务所所长的要职，有丰富的理财经验，出于公心，一心扑在南通大生集团事业的发展上，是张謇信得过的管钱人，也是张謇兴办纺织产业和教育事业的主要助手之一。

胥仰南

上海的纺织业名家

上海有一处汇智创意园，建筑面积为15818平方米，建成于2003年10月，当时被上海市经委命名为“都市型工业楼宇”，2004年更名为“静安都市产业园”，2007年成为汇智创意园，这里的前身是上海鸿新色织厂。根据纺织产业结构调整和转型需要，企业于2002年年初进行设备外迁、人员分流，完成了从纺织生产企业到都市工业园区的转型。

上海鸿新色织厂与镇江的一个企业家有着密切的关系。这个企业家叫胥仰南，1889年生于丹徒，长大后到上海发展、创业，成为当地纺织业的名人。

上海鸿新色织厂原名鸿新染织厂，始建于1923年5月，由胥仰南与陈煜明等人合伙创办，地处复善堂街（现东江阴街）三善里14号，有人力织机60台，职工80余人。主要生产元哔叽、元线呢、毛葛呢，产品大部分销往东北地区。1924年，改用

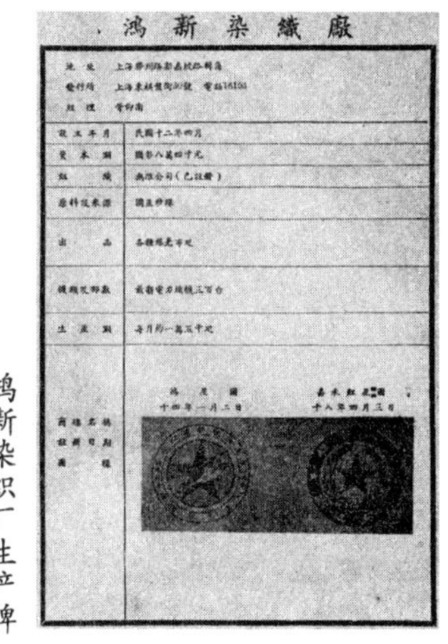
鴻新染織廠

鸿新染织厂生产牌

电力铁木织机。1926 年在留云街（现柳市路）27 号设分厂，安装铁木织机 104 台，职工 200 余人。

1928 年，胥仰南买进了德大染坊，上海鸿新色织厂开始了自染自织，采用上等染料，不断改进工艺，产品质量显著提高，被誉为“不褪色红星布”，畅销国内市场。

1931 年，胥仰南赴日本考察，并先后订购平野多梭箱织机 160 台和双罗拉花色捻线机、分段整经机。与此同时，还在国内购置“狄更生”“丰田”等旧织机 80 台。上述设备上马后，单梭格子、皱结、断丝等织物相继投产问世，畅销厦门、两广和长江流域，并外销南洋群岛。

1937 年“八一三”事变后，工厂迁至胶州路 757 号（现余姚路 288 号），安装织机 221 台，翌年开工。1942 年，日军占领租界后，强行收买纱、布，继而又停止供电，上海鸿新色织厂被迫停工。

抗战胜利后复工，由银行界人士金宗城任董事长，胥仰南任总经理，全厂设染色、准备、织造三个车间，主要生产线呢、印花坯布等，产品使用“红星”“加禾”商标。后来，“红星”改为“鸿新图”。

1953 年，织机增至 243 台，生产时代格等色织布。1954 年，色织纯棉大提花沙发布开发成功，产品主销苏联及东欧国家，经久不衰（1981 年获国家银质奖）。大提花沙发布的成功开发，填补了色织品的空白，并在行业生产大提花织物中奠定主导地位。

1956 年 1 月实行公私合营。同年，新立成明记染织厂、信祥染织厂、大顺布厂并入。1963 年，该厂染纱车间划并利华染纱厂（后改名为上海染纱三厂），成为单织厂。1966 年，大丰余染织厂、顺丰和记染织厂并入。同年，改名上海色织十厂。

上海鸿新染织厂国布样本

胥仰南热心民族工商事业，以推广国货为己任。他曾兼任中国国货联合营业公司董事和上海中国国货公司的常务董事，还是中华职教社上海辅导委员会的成员。

嘉兴文化名人孙筹成于 1935 年 10 月在《申报》上发表了一篇游记，记述了当时一批上海人到嘉兴南湖旅游的情况。因为天气突然变冷，这批上海人在嘉兴塘湾街选购国产棉毛衫以御冷。回沪后孙筹成将此次出游嘉兴期间的种种趣事写成一篇游记，发表在《申报》上。孙筹成将旅游与提倡国货联系在一起的文章，让人读后深受启发。文章中还提到了在这批旅游者中有胥仰南夫妇。那是一个外货充斥中国市场的年代，但这些游人选购了国货，显现出那个时代中国人的爱国情怀。

人物启迪

胥仰南是上海鸿新染织厂的创始人，也是上海纺织业的知名人士。他思想前卫，思维敏捷，注重调查研究，善于取长补短，通过不断改进工艺，以质量保证促进生产，以技术革新为动力，把自己的经营活动搞得红红火火，在上海纺织业中站稳了脚跟，闯出了一片天地。他热心民族工商业，有一颗爱国心，把推广使用国货产品作为己任。

杨麟

热心公益的实业家

杨麟，生于大富之家，是著名物理学家李政道的表弟。其父“镇江杨家的小开”杨瑞祥是民国风云人物，不仅是经营长江流域航运的大达轮船公司老板，更是上海名人杜月笙的密友。杨麟继承了父亲善于经营的特点，后来也成了叱咤台湾商界的著名实业家之一。

杨麟从小在法租界长大，抗战前过着优裕的生活。1943 年冬，他 14 岁时，一次特殊旅行让他经历了一场脱胎换骨的改变。此时为抗日战争最艰巨的时期，杨麟的父亲杨瑞祥离开上海在重庆指挥大西南物资运输已经三年，杨麟跟随祖父生活。兵荒马乱的年代，祖父急于将唯一的孙子交到儿子手中。恰在这时，一批棉纱由上海启程秘密运往后方，祖孙俩跟随运纱队伍出发了。这一路上，苏皖旱灾、黄泛区水灾的境况惨不忍睹，给杨麟留下了深刻的印象。“中国人太苦啦，老百姓太苦啦！”这种感受为他一

杨麟（右三）

生追求公益事业奠定了基础。

在河南商丘的漫天风雪中，从重庆赶来的杨瑞祥与祖孙俩相聚了，短短两个小时后，即将分别时刻父亲要杨麟给祖父磕头谢恩。此后杨麟在重庆就读于南开中学，响应“一寸山河一寸血、十万青年十万兵”的号召，瞒着父亲与46名南开同学一起参加了青年军。

1949年，杨麟的祖父和父亲经香港去台湾。他远赴美国，进入洛杉矶加州大学求学，在纽约34号码头打过小工，后来渐渐站稳脚跟，成为第一个在纽约船运业身居高位的中国人。后来他因父亲年迈而放弃在美国的前程，回台湾尽孝。

杨麟是个很成功的商人。他先后担任过泛美航空、波音飞机、可口可乐的台湾总代理，在为波音飞机代理的20年间售出100多架飞机。他经历并参与了20世纪70年代前后台湾成为亚洲“四小龙”的过程。所以，在此后与有关部门接触中，他就大陆的外经贸政策提出很多建议，也做了不少工作。

1985 年，杨麟回到离别 36 年的祖国大陆，受到时任国家主席杨尚昆的接见。此后，他就开始回大陆投资，不仅恢复了父亲的事业，创办了重庆大达轮船公司，还投资通信项目，引进了国内第一部程控电话。

1988 年，他将台湾最大的食品上市公司统一集团董事长、总经理带到北京，后来，“统一”在乌鲁木齐建立了大规模番茄酱生产加工基地。“当时台商来大陆投资，是要考虑风险的。为打消他们的顾虑，我在‘统一’的投资项目中注入 50 万美元。劝人家投资，最好的办法是自己也下注。”“统一”很快打开局面，方便面、饮料、食品家喻户晓。杨麟对“统一”集团投资大陆有引荐之功，不过他一贯的做法是功成身退。三年后，杨麟所持股份按市价出售给“统一”。

杨麟晚年叶落归根，热心做公益事业。1995 年他在纽约，从开画廊的王滨女士处得知中国社会科学院有一个项目专门研究小额贷款，他专程飞到北京，通过王滨的介绍，认识了项目负责人杜晓山。此时，作为小额信贷的研究专家和实际操作者，杜晓山和同事创办的“扶贫经济合作社”刚刚起步。引入“尤努斯”模式、办“穷人银行”，当时最大的困难是融资。杨麟主动上门，与杜晓山交谈、了解一些做法后达成共识，首笔投入 10 万美元加以扶持。

此后，他又到河南虞城、南诏及河北易县等地，奔走在乡村土路上，调研后不断追加投入，前后达 100 多万美元。河南、河北、四川两万多户贫困农民从中受惠。

一个偶然的机会，他与上海电视台几位编导谈起全民族抗战的壮举，大家很快达成共识，应该重现那段历史。于是，历时一年半拍摄的15集纪录片《去大后方》，先后在上海电视台和中央电视台科教频道播出，为历史增添新篇，并受到中央领导的好评。拍摄此片，杨麟出资70万美元。很多宝贵的历史影像资料是他从美国一些大学购买来的；口述实录采访145位亲历抗战或研究抗战史的人士，其中有李政道、南怀瑾、唐德刚、卢作孚的儿子卢国纪，等等。国学大师南怀瑾先生为此片创作主题歌词，由此，他赞扬："杨麟是中华民族的孝子。"

杨麟喜欢西方的一句名言："不要问，国家能帮你做什么；而要问，你能帮国家做些什么。"他说，做人要的就是这个味道。

人物启迪

杨麟出身名门，却自愿放弃优裕的生活，甘于吃苦，从底层做起，一步一个脚印，最终获得成功，成为商业界知名的大实业家。令人感动的是，他有钱了，并没有用于个人的享受，而是投入到为公益事业做奉献中去。他深入农村，走村串户，克服困难，办"穷人银行"，帮助贫困农民走出困境奔小康。

金浩如

镇江南门绸布店走出去的九江巨商

金浩如（1877—1948），回族，谱名至大，出身于江苏镇江金氏望族。据宣统元年（1909）续修的《古润金氏宗谱》记载，其为金氏定居镇江第十九世后裔，家中排行老二。曾创业于江西九江，任九江商会第三任会长，是九江民族工商业的代表人物之一。一生创办有九江牯岭发电厂、大中华九江裕生火柴厂、华康五金洋货号等实业。他先是在镇江南门自家绸布店当学徒。15 岁时随堂叔金恒仁（少年时聘三）到九江涌兴裕铜锡店当学徒。金恒仁十分赏识他的经商禀赋和练达才干，加之自身事务繁忙，遂将涌兴裕九江商店全权转交给金浩如经营。

金浩如接掌涌兴裕商店后，善于研判商情，把握商机，根据市场的变化及时调整自己的经营策略。他在市场营销过程中注重利用广告传媒做营销宣传，扩大涌兴裕商店的社会知名度。

1942年的镇江

1930年，“涌兴裕”在报纸上登载广告称：“本号开设九江四十有年，专售五金材料、各种油漆、经理鄱乐烟煤、开滦焦煤、上海象牌水泥、唐山马牌水泥、本埠大中华裕生各种安全火柴、慎昌洋行奇异灯泡……概归本号独家经理，各种电器材料均皆全备。如蒙惠顾以及大宗采购，价当格外克己，籍答雅意。”简洁明快的广告词将老字号的经营范围表露无遗。

金浩如不仅勤于商务，还广结地方商界名流。他与时任九江海关监督官员林森、壳牌燃油大王经理王信孚结成莫逆之交，将长江轮船江西内河航运公司所有机班轮的油料经销权都掌握在自己手中。利用九江的港口优势，牢牢掌控了开滦煤在南昌开明电灯公司、南昌快庐电灯公司、九江兴中纱厂等用煤大户的统销权。而煤的销售又回报了长江、内河航运公司的水上经营业务，这样既提高了店的声誉，又扩充了经营财源。

金浩如还与全国各地名牌厂家挂钩，将名牌商品运到九江批发销售。1920年，又与著名华商刘鸿生在九江开办江西省最大的火柴厂——裕生火柴公司，年产“地球”“飞鸟”“童马”“芦雁”牌火柴约7000箱，运销湘、鄂、赣三省。

在金浩如的辛勤经营下，涌兴裕进入了商贸最兴旺、资金最雄厚的黄金时期。他也成了九江首富，具备了商界大腕的气势。1932年，踌躇满志的他开始在九江大中路（今大中路312号）创办了大型综合商场——华康五金洋货号。

“华康”是“爱我中华，富国康民”的缩写。该店经营面积有400余平方米，经营规模在九江算得上前列。店中除经营传统的铜、锡行业商品外，还经营五金、煤、铁、水泥、面粉、香烟、日用电器等商品。店中的广告词描述其经营范围时称：“煤铁五金、建筑材料、唐山水泥、中外油漆、电灯材料、机器配件、火柴面粉、家常用具、旅行器具、化妆物品，名因繁多，不及备载，倘蒙光顾，无上欢迎。”他将过去的生意财路全部引入华康，由于经营有方，因此生意兴隆，财源茂盛。在当时，华康已是镇江籍回民在长江中下游流域中最大的民族企业，不久就名列九江老字商号。

经过多年的经营，华康利润直线上升，九江市场已满足不了华康的资本经营。金浩如便向上海、汉口、常州诸民族工商企业投资，同时，独资兴建牯岭小型发电厂、九江厚生典当铺等民族实业。

华康老字商号经营规模之庞大，振兴了当时九江的商贸经济，标榜出中华民族资本的繁荣。据1953年九江市人民政府企业登记表显示：截至 1953 年，金浩如在九江、庐山所开设的华康五金洋货号，资本总额达三亿四千余万元（时币），华康、上海安达棉纺织厂、汉口既济水电公司、九江染织厂（解放前）所投资总额折合人民币 2480 余万元。

金浩如取得成功的商家秘诀是“诚、精、快”。所谓“诚”，是指店主诚恳真挚，关心爱护店员，同时，也要求店员诚恳待客。一次，一位山西土财主来涌兴裕店中为女儿办嫁妆，个别店员见来人土里土气，穿着又不讲究，就对他爱答不理，气得这位财主把随身携带的一袋银圆呼啦啦地摔在柜台上，指责店员的怠慢和无理。金浩如得知此事后，立即召集全体店员开会，宣布店规：“生意不论大小，一律礼貌待客，如有违反，轻则扣薪，重则歇生意。”可见当时回族商人对商业道德的重视程度。

金浩如所开的厚生典当铺，也以诚待人，为九江贫民打开了解救一时危难的方便之门。有一次，当铺不幸遭雷击引发大火，财产全部焚毁，当时店中又未保险，按照当时典当行的惯例，“天灾人祸，各凭天命”，完全不用赔偿。但金浩如考虑典质者均系平民，这一损失对他们而言无异于雪上加霜，必定难以承受，他毅然决定将所有当品，一律按当票面额全部赔偿，一次性付出赔款达万元之巨。此项善举，使人们无不感激。此店后被当地人誉为“仁济店”。

所谓“精”，即要求店员业务精益求精，每个店员平常要熟悉货架上的千余种商品名称、用途、尺码、性能、价格等基本信息；要公平交易，讲求信誉；对铜、锡成色要一眼看清，不得降低档次回收废旧锡皿。

所谓“快”，指店员对顾客购货要眼疾手快，选货取货手脚要快，不需顾客等候，包钉不散包，一扎铅丝要能准确地判断出斤两等。

金浩如一生热心地方公益慈善事业，造福乡邻。光绪末年，镇江山巷清真寺董事会创办了旨在救济贫困同胞的专门慈善机构——敬恤会。经年累月，敬恤会基金达数万元，其中以金浩如所捐的金额最大。该基金存在镇江的涌兴裕分店中，每年的利息用于救济贫孤。

1938 年，镇江涌兴裕业主杨光宇与金浩如在上海共同商量解决敬恤会基金事宜，金浩如慨然承担，决议将新修的九江涌兴裕房产折款赔偿，作为敬恤会原始基金，从而使这一济世利人的扶贫事业绵延至今。其实，当时金浩如的商务已处于最困难时期，他仍慷慨解囊。对他这种热心桑梓救济的行为，及至今日，不论镇江，还是九江、上海等地的回族群众，每每提及金浩如大名，无不敬佩，对他“维桑与梓，必恭敬止”。

金浩如不仅热心慈善公益，还富正义感，敢于担当。1931 年，九江港内有艘英商太古轮，在航巡中撞翻了一艘民船，当时国民政府地方官员慑于英帝权势，害怕得罪英国政府，不敢出面交涉。金浩如得知此事，遂以九江商会会长的身份挺身而出，只身前往英国领事馆驻九江代办处协商交涉。持枪的洋人将他团团围住，他面无惧色，据理力争。最终洋人自觉理亏，终于使渔民得到应有的赔偿。工商界人士无不拍手称快，渔民更是感恩戴德，此事在九江轰动一时。

1940 年，著名戏剧家陈白尘为弘扬民族资本家金浩如实业救国的精神，以其为原型，特撰 10 万余字的五幕话剧《大地回春》。1941 年该剧在重庆公演，教育和感染了一大批爱国青年志士投身抗日洪流。

抗战时期，镇江、九江二地的涌兴裕受到了严重破坏，被日寇掠夺、炸毁。

人物启迪

金浩如早期在镇江开始学徒生涯，随后跟堂叔去江西九江创业。他用自己的聪明才干和吃苦耐劳的精神成就了一番事业，成为九江的巨商和实业界的代表人物。他的成功除了勤奋，还有经营理念的新颖。他敢于自加压力，善于捕捉商机，以诚待人，以服务质量取信，这是其事业成功的秘诀。

『唐老一正膏』的八世传人

唐棣

根据唐老一正斋第十一世孙唐镇北的说法，镇江唐老一正斋的荣光，可以追溯到350多年前。清康熙初年（1662），唐家先祖唐守义“得异人传授良方”，在镇江秘制成外用药膏行销治病，这便是后来闻名天下的“唐老一正膏”，又称“万应灵膏”。

“唐老一正膏”由麝香、木香等79味中草药精制而成，舒筋活血、祛风止痛、化痞除瘀、消散顺气，应用面广、使用方便，疗效上佳，很快蜚声大江南北。唐家药店——唐老一正斋也由此渐与北京同仁堂齐名，民间一度有“北有同仁堂做南方人生意，南有一正斋做北方人生意”之说。

康熙年间的河道总督陈鹏年，督管河南、山东、江苏等7省水利。手下河工因辛苦劳作，很多患有筋骨疼痛，陈鹏年以“唐老一正膏”疗之，解除了众人病苦。一次，陈鹏年本人贴用“唐

唐老一正斋

老一正膏”后，感觉疗效神奇，便引用良药典故“橘井”，亲题“橘井流香”的横匾送给唐家，以表达他对唐老一正斋膏药疗效卓著的赞赏。一百多年后，道光状元李承霖为“橘井流香”匾作跋，写有“唐沐先德唐守义创立一正膏药店经过，有济世利人之公，见陈公题词，不胜景仰”等语。后来，“淡墨探花”书法家王文治也为老号名店写了“唐老一正斋”的店名。

“唐老一正膏”声名鹊起，很多仿冒伪劣药膏也随之出现。清同治八年（1869），鉴于唐家及各级官府多次打假不绝，经同治皇帝圈阅，一块“奉宪勒石永禁”碑立在了唐老一正斋门前，后被誉为“中华禁假第一碑”。如今，“橘井流香”匾额和“奉宪勒石永禁”碑依然留存在唐老一正斋，见证着这一“中华老字号”延绵数百年的辉煌。

唐棣（1856—1928），是清唐老一正斋膏药铺第八世业主，字萼楼，镇江人。同治十三年（1874）其父唐沐去世，即接办膏药铺，以“修合虽凭我意，存心自有天知”自勉。他常告诫子孙，不得偷工减料，并规定出售的膏药“包退包换”，外地有需求者，无论趸批或零购，均予以邮寄。膏药行销山东、河南，远及东北各省，还受到东南亚地区华侨的欢迎，享有“一正斋膏药，过了黄河就放香”的美誉。

1915 年，唐棣派儿子唐元兰前往蚌埠开设分店。1922 年，他向农商部申报了“万应灵膏”商号注册执照。唐棣主管店业的 53 年，是一正斋膏药铺的鼎盛时期。1930 年，唐老一正斋以八世传人唐萼楼的肖像为“秘制万应灵膏”注册了商标。

1931 年，经实业部商标局核准，唐老一正斋“以唐萼楼肖像为秘制万应灵膏注册商标”。这看似寻常的一个企业的注册行为，不小心创造了两个“第一”：即“唐萼楼”是中国最早的肖像商标之一，又是镇江有史以来最早的药店注册商标，被誉为“镇江第一商标”。

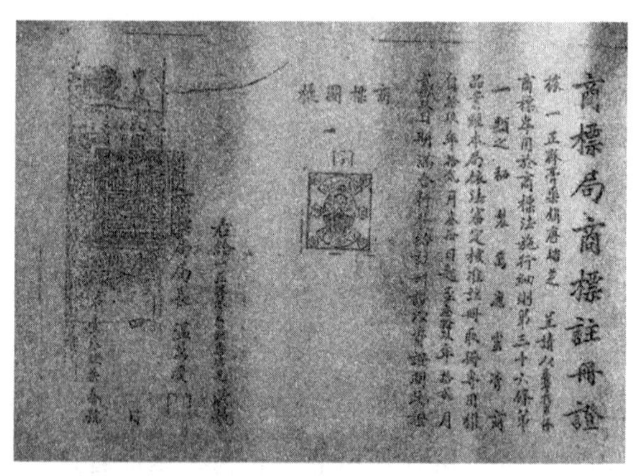
商標局商標註冊證

唐老一正斋膏药商标注册证

唐老一正斋位于中山东路160号，处在古城镇江最繁华的地段。这幢看上去中西合璧的建筑，虽然门脸不大，内里却不小，原有的五进房屋现在还保留了三进，唐家后人依然在此居住。

据唐家后人回忆，这幢老宅已有近百年历史，门楼在20世纪60年代遭到了一定程度的损坏，20世纪80年代中山路拓宽改造，唐老一正斋的石头门楼后退了几步，用原来的材料复建出一个崭新的门楼，又基本恢复了原来的样子。2011年，“唐老一正斋”被商务部授牌“中华老字号”。

人物启迪

唐老一正斋是镇江的一家老字号，所生产的“唐老一正膏”是中药膏方的品牌之一，历经数百年，至今仍流传于世。唐棣作为膏方的传人之一，他继承祖制，又发扬光大，把产品推销到全国各地和南洋一带，享有盛誉。值得创业者借鉴的是，他注重质量，一丝不苟，常告诫自己的子孙不得偷工减料，取信于人。同时，他注重商标意识，加强对品牌的保护是其膏方能长盛不衰的关键。

朱中孚

镇江商界的实力人物

朱中孚（1849—1924），字信鱼，浙江镇海人，幼年家贫，先后在铁业、药业当过学徒。其间，朱中孚勤奋、睿智，因家境与叶澄衷相同且又是同乡，得到叶澄衷的赏识和信任，被安排在上海华顺、协记等栈号管账。

1880 年，海水入江，民众财产遭受巨大损失。海塘是中国东南沿海地带重要的挡潮堤坝，两江总督曾国荃将海塘修建工程交给叶澄衷，嘱咐举贤协理。叶澄衷便委托朱中孚总理海塘工程。整个工程中朱中孚自始至终尽其职责，数百万工程费用，毫厘无舛。曾国荃对海塘工程十分满意，拟呈报朱中孚履历奏请给官奖励。朱中孚闻此，对叶澄衷说："吾之襄君此举，为救地方人民，岂为求官哉！"叶澄衷只好请曾国荃除去给官之议。

光绪十一年（1884），叶澄衷将朱中孚调往镇江主持顺记煤

朱中孚

铁号。朱中孚一度担任镇江美孚洋行经理。在镇江，他自己又开设了义昌润药行，成为镇江商界早期的实力派人物之一。

朱中孚在镇江定居40年，热心镇江公益，为镇江商界和民众做了很多善事。辛亥革命时，他赶制面包、牛肉及刍草、料豆等，供民军人马食用。

1911年，他倡导镇江商会为保护商界安全，出资千元建立商团体育会。又出资700余元，为团丁置办军服，并任商团体育会会长。据记载，他两次出资修建原址在原中华路日新街与陶家门之间的洋浮桥；还建造三茅宫、荷花塘两木桥；铺设小营盘、皇华亭、牌湾等地路面。句容桥头镇的坎桥，也是他独资捐修。坎桥在便民河上年久倾圮，地方无力维修，他出资并募集了3000元修桥。

1913年讨袁战争中，镇江驻军之间发生哄乱，县知事于定一调解不成，朱中孚让他避居到自己家里。讨袁战争失败，镇江驻军失去领导，欠饷数月，张勋部队又要渡江，全城危惧。商会总理吴泽民束手无策，朱中孚协同李皋宇、魏小辅诸君竭力筹饷13.8万元消祸，地方免受兵燹之灾。由此，镇江民众称朱中孚为“鲁仲连”。

朱中孚创业有一股劲头，持之以恒，不达目的不罢休。1914年4月，他和李皋宇等人筹集股本，准备仿照上海开办自来水公司。他聘请工程师，开始测量事宜，并致书地方官府出示通告，在北固山下江滨空地动工建筑自来水亭，铺设地下水管。后因资金不足，向日商借款20万元，而借款折价只有13万元，遭到商界反对停办。1921年，他又重新发起筹集资金，又未成功。1924年，他又积极参加第一救火会自来水厂的创办，担任自来水厂的筹办员。经过众人的努力，于1924年6月建成投产。以后，自来水厂开始逐渐供给西部的各行各业使用，成为自来水供给民用的开始。

1919年五四运动期间，南洋兄弟烟草公司抢滩上海，英美烟草公司百般加以诋毁，引发了一场国货与洋货的生死搏斗。朱中孚坚定爱国立场，与爱国团体中华国货维持会、江苏省教育会、全国报界联合会、日报公会、上海劝吸国货香烟会、中国学生会和“德和祥”15家商号，对南洋公司国货地位给予充分肯定。6月12日，朱中孚以镇江商团会长名义，与众议院议员柳肇庆等在《申报》上刊登了《旁观人持平之论》的署名文章，支持南洋公司，称赞了华侨回国兴办实业的举动。

朱中孚经营有方，但不以敛财为务，热心社会慈善事业，动辄一掷千金也在所不惜。镇江民间曾流传朱中孚三捐寿资的故事。说是光绪二十四年（1898），朱中孚50岁寿辰，捐700元寿资置棉衣助冬赈。宣统元年（1909）60 岁寿辰，寿资千余元，全部资助粥厂。1919 年 70 岁寿辰，朱中孚将筵资全部捐助给了孤儿院等慈善单位。

同治末年，镇江冬赈局成立后，每年隆冬都放粥施米。朱中孚也每年都对粥厂有捐助。他还和银行家倪远甫、陆小波等人合作，筹有基金，每年以息金办赈。

1917 年，朱中孚又筹募资金创办镇海浃北学校，学生免费入学，学校经费师资均由朱中孚负责。朱中孚逝世后，安排义昌润药行负责，直至 1935 年学校停办。

另外，在镇江育婴堂、孤老院、红卍字会、救火会、润商学校、商业学校的维系和乡里赈灾、施药、施粥事务中，朱中孚都鼎力相助，不遗余力。镇江商会会长陆小波曾感慨地说，朱中孚是“天下之最易感人者义而已矣”。实业家李皋宇也夸他：“济困扶危，哀此茕独；见人非为，即施教育；四十年来，冬赈施粥；泪雨难咽，仁浆义粟；民称于今，有功社会，理应口视。”

朱中孚逝世后，镇江民众为了纪念他，在镇屏山上竖起了朱公信鱼纪念碑。

人物启迪

朱中孚是镇江工商界早期的实力派人物。他经商有道，担任过洋行经理，又创办过义昌润药行，积累了不少财富，在同行中享有盛誉。值得称赞的是，他是商人，但从不以敛财为目的，而是把民众的公益事业放在首位，将自己的财富用来资助慈善、救生和教育事业，为镇江人做了许多好事，受到了镇江百姓的尊敬。

朱兆怀

百年恒顺的创始人

1840 年，是中国近代史的开端，而百年恒顺也在此时拉开了镇江香醋的大幕，成为镇江香醋的创始者。

“醋，古谓之醯，京口黑醋味极香美，四方争来货之。”在《（光绪）丹徒县志》卷十八《物产》中有这样一条记录，道出了清末镇江醋的优质与紧俏。而朱恒顺出品的醋则为其中翘楚。

恒顺香醋“酸而不涩，香而微甜，色浓味鲜”，存放时间越久，口味越香醇。因为其独特的精湛工艺：以优质糯米为主要原料，采用优良的菌种，经过固体分层发酵及酿酒、制醅、淋醋三个过程，40 多道工序，历时两个月精制而成，再经一段时间的储存，然后才出厂。恒顺香醋酿制技艺已被列入首批国家级非物质文化遗产名录，是江苏省食品制造业中唯一入选的传统手工技艺。

朱恒顺雕像

朱恒顺，本名朱兆怀，镇江丹徒谏壁西彪村人，祖辈经营铁炭行。某年，一山西客运来大批铁和炭，委托朱兆怀的先辈代为出售。然而该客返山西运货后一去不回，朱氏因此致富。发财后，朱氏后代在镇江附近开设企业，单在扬州就开了 7 个布店、2 个酱园，故在扬州有“朱半城”之说。

道光年间，朱氏家族聚会，身为朱氏后人的朱兆怀嫌酒味欠佳，惹得族人不快。有人顺口挤兑：“要吃好酒，自己开店。”为此，朱兆怀暗下决心，“有朝一日非开业酿酒，以解此讥不可”。道光二十年（1840），朱兆怀在镇江西门外开设了“朱恒顺糟坊”，并以糯米为原料，酿造出了闻名遐迩的百花酒。当地民谣曰：“酒香好似花上露，色泽犹如洞中春。”说的就是当年质地优良的百花酒。后来，因为此酒被采纳为贡品，名声煊赫，就连设在京城的镇江会馆都被改名为“百花会馆”。民国《续丹徒县志》卷五《物产》有记：“百花酒，见前《志》。近以朱恒顺造者为最良，宣统二年列入南洋劝业会，获奖银牌，见审查册。”

恒顺最初以酿造百花酒为主业。因为酒的产量直线上升，酒糟的处理就成为一个问题。开业10年后，即1850年，恒顺开始利用酒糟加入谷壳发酵，酿制香醋。制醋工艺复杂，要经过酿酒、制醅、淋醋三个过程，40多道工序。大作坊里有那种地下火道的大砂缸，缸盖盖得严严实实，里面冒着蒸汽，经过

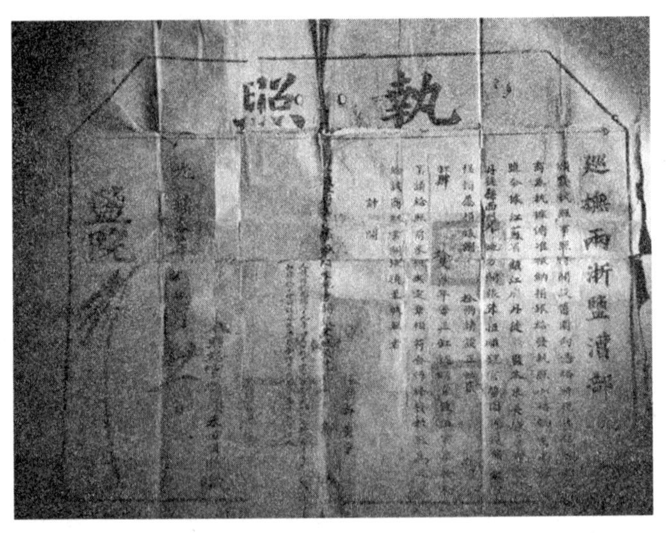
執照
兩浙鹽漕部

光绪年间颁发给恒顺的执照

很长一段时间的储存期，香醋出缸了。装坛子的时候，那种香醋特有的香气扑鼻四溢，几百米以外都能闻到。经过这套复杂的传统工艺，酿制出来的醋才有了地方特色，存放愈久味道愈香醇，而且不会变质。酿制香醋成功后，恒顺进入了酒醋同制时代。

1858年6月，镇江成为通商开埠的城市之一。镇江商业的

繁荣，促使朱恒顺糟淋坊不断扩大酒、醋的生产规模。1893年，“朱恒顺”改牌号为“朱恒顺酱醋糟坊”，并在镇江西门大街（今大西路）作坊对面设立门市部，兼营批发零售。由于产品质量精益求精而销售日广，作坊生产迭增。朱氏因为敢于创新，所以每每能在同行竞争中取胜，获利很大。从此，恒顺开始涉足榨酱油、制酱、酱菜等领域。1893—1911年，恒顺酱醋糟坊最兴旺的时期年产百花酒约210吨、醋110吨、酱220吨。

农工商部为

1910年恒顺香醋在“南洋劝业会”荣获金牌奖

第二次鸦片战争后，外国人为推销商品和开拓市场，喜欢举办博览会，这种形式逐渐被中国人所接受。由于博览会可以“开风气而劝工商”，清朝两江总督（统辖江苏、安徽、江西三省）端方于1908年奏请朝廷在南京举办“南洋第一次劝业会”，“以振兴实业，开通民智”，“京江滴醋，亦以朱恒顺制造者为良，经劝业会审查，获奖金牌”。

清宣统二年（1910）5月，中国历史上第一次堪称世界级的博览会在南京举办。虽然当时局势动荡，清政府已处在风雨飘摇之中，但仍有36个国家和国内14个省参加了这届历时6个月的“世博会”。在这次博览会上，农工商部颁发给“恒顺”香醋和酱金牌奖证书。在民国初，恒顺开始了蓬勃发展，年产达3000坛（每坛按70市斤计重），店坊更名为“朱恒顺酱醋糟坊”。

随着生意的扩大，“恒顺”二字成了不折不扣的金字招牌。这名号，最初是创始人朱兆怀的新意，还是另有高人向他推荐的用法，已无从考证。从字面意思看，似乎图的是自家产业永远顺遂（镇江话将“顺遂”读成“顺须”，第二字轻声）。焦山的茗山高僧认为，恒顺语出《华严经》，其本义是永远顺应众生之愿。用现在的话讲，就是永远满足广大消费者的需求。只有顺众生，方能顺自家。这才是恒顺文化精髓所在。

酿造香醋

1911年，朱兆怀的“朱恒顺”传到了第三代传人朱小山的手中。自此，恒顺的经营日益衰败。据坊间传说，当时朱家有6支“大烟枪”每天吞云吐雾，终于把家底弄薄了。恒顺的生产日趋下降，到 1924 年酱类和百花酒都停止了生产，一年只生产六七百坛醋（约 20 吨）。其间，朱小山还任意挥霍生产资金，据说一夜之间就赌输了 18000 元。

在生活难以维持的情况下，朱小山竟然将地基和房屋出售给了天主堂。到了 1925 年春，“朱恒顺”的生产和营业均已停歇。1926 年 5 月，朱小山以资产作价 3.8 万银圆将恒顺盘给了李皋宇。从此结束了“朱恒顺”85 年的创业历史。

人物启迪

恒顺香醋是镇江的特产和招牌产品，百年来，在国内外赢得了广泛的赞誉，至今越做越强。作为创业者的朱兆怀其功居伟。他的创业意识、品牌意识和创新意识非常强烈，每推出一个产品，都尽全力做精做优。不仅香醋如此，百花酒、恒顺酱油、恒顺酱菜都是名特优产品，所以能在与同行的竞争中取胜，其恒顺系列产品获奖能力也名列前茅。

李皋宇 李友芳

守业创业的能手

恒顺醋继承了百花酒之香，香益弥远。而恒顺醋坊到了李皋宇之手后，其发展速度进一步加快，取得了更加显著的成绩。

李皋宇（1874—1962），又名高裕，浙江镇海人，先辈在宁波以经营钓船起家，相当于现在的物流配送，以代客运输为主业，也自营粮米。李皋宇家有7兄弟，他为长子，少年时在家乡从事米粮生意，1897年去镇江协助父亲经营。他的父亲叫李贞元，当时在宁波有4只钓船，自行贩运木材、米粮，来往于浙江、福建沿海及长江下游各地，并以镇江北岸的七壕口为集中点，设有李源记米、木行。后来迁至镇江，有钓船7艘之多，船工100多人。

李皋宇继承父业，在镇江大展宏图。光绪末年，他经同族李薇庄（1873—1913，名厚礽，是小港李家李梅塘四子。一生不曾经商，步其叔父李濂的后尘，读书中举，放官江苏候补知府，做

李皋宇

过警察局提调、江苏糖捐丝捐局督办，时任江苏裕苏官栈局总办）的介绍，任镇江裕苏官栈局经理。

辛亥革命后，裕苏栈局撤销，又经镇海同乡朱中孚介绍任镇江美孚洋行经理。由于李皋宇经营有方，遵守信用，深得美国人麦德森的信赖，因此江苏、浙江、安徽、山东数省煤油经销均需李皋宇经手。据说在销售鼎盛时期日收入最高可得800银圆，这就是他致富的财源。

李皋宇为人精明强干，既能守业又能创业，是个了不起的企业家，创办了多家著名的民族企业。他接办的有清江大丰面粉厂、高邮裕亨面粉厂、泰州泰来面粉厂、扬州面粉厂、南通复兴面粉厂、无锡泰隆面粉厂、镇江贻成面粉厂，同时还投资常州民丰纺织厂、苏州植物油厂、上海三友实业社、天利氮气厂、天原化工厂等。他还是创办镇江水厂的发起人之一。特别是接手恒顺之后，使这块名牌和名产得以保持和发展。李皋宇对镇江地方经济的发展有很大的贡献。

1925 年，李皋宇在朋友的撮合下接下了恒顺，将品牌改为“镇江恒顺源记酱醋糟坊”。原始资本 4 万元，另吸收亲友存款约 5 万元，并由其三弟李纯宇任经理。最初几年，由于对该行业生产经营生疏，加之朱小山遗留下的是一个烂摊子，生产业务困难重重，两年时间 4 万元资本几乎亏尽，李纯宇也积劳成疾。

1928 年，李皋宇不得不再垫资 4 万元，并先后延聘董仲芳、唐盛标、周受天为经理。特别是周受天深谙酱醋生产，对产品质量把关甚严。据说每当工人抬醋醅经过经理室时，周受天坐在经理室内就能嗅出醋醅的优劣，而后查询究竟。因此，生产工人不仅个个佩服，而且操作更不敢马虎。李皋宇知人善任，授予周受天生产经营和人事大权。

李皋宇利用自己的优势，在贻成、泰来两面粉厂购新麦时，为恒顺收进低价面粉；还利用运洋油至蚌埠出售之便，收购黄豆运回镇江给恒顺做原料。没过几年，恒顺就在镇江增设了 4 家店，在上海开设了总发行所和 3 家分店，在长江中下游一带，先后开设了几十个分店和销售点。为了与同行竞争业务，李皋宇将酱醋生产调整为主业，制酒作为辅业，通过提高产品质量、改进包装、扩大销售等做法，压倒了同行。

李皋宇非常注重产品的商标和包装，足见其超人的商业意识。在一份民国时期的报纸上刊登着恒顺的一则广告：“本厂自制……原料不惜工本……凡蒙赐顾，请认明本厂金山商标，庶不致误……”

1928 年，恒顺以镇江金山寺外景图案作为其酱、醋产品的品牌，并成功进行了商标注册。同时，还对酱菜、醋等产品分别采用了马口铁罐头和玻璃瓶等在当时非常时尚的包装，不仅便于顾客携带，而且保证了产品不易变质。

李氏经营有道，恒顺的生产和业务节节攀升，开始远销南洋一带。1935 年，李氏将恒顺源记酱醋糟坊改名为恒顺酱醋股份有限公司，开始了小作坊向民族大企业的飞跃。1937 年，恒顺的主要产品已达创办以来的最高峰，年产醋 250 吨，酱 400 吨，罐头酱菜 35 万听。在此期间，恒顺的醋又先后在国内举办的物产展览会、西湖博览会和国货展览会等大规模活动中获奖。此时，恒顺增资 6 万元，将总股金扩大为 10 万元，准备趁势发展。未料当年抗日战争全面爆发，李皋宇带领全家避往重庆，后绕道回到上海。此后，由于战乱及李氏兄弟内斗，恒顺遭到了极大破坏。

镇江沦陷期间，李皋宇从未回镇江，而是在上海建厂并调用镇江厂的技术工人，生产镇江风味的香醋、酱油、酱菜。此间，李皋宇的异母兄弟、并非恒顺股东的李武，以李氏代表的身份成为恒顺经理。在抗战胜利前一个月，李武暴卒于镇江。

抗战胜利后，李皋宇让长子李友芳回恒顺重整旗鼓。李友芳，出生于北仑小港。6 岁时随父母迁居古城镇江。少时攻读于李公朴就过学的镇江润州学校。中学毕业后，15 岁考入镇江中国银行当练习生。20 岁时在其父开设的李源记煤油号当会计。

李友芳

李友芳 25 岁后，担任过仪征十二圩美丰五洋面粉号经理、泰州泰来面粉厂驻镇营业部经理、南通复兴面粉厂经理等职，有一套丰富的企业管理经验。抗战期间他随父避居上海。抗战胜利后，他回到镇江，按照父亲的意思接办和主持恒顺厂。

为了确保恒顺香醋的质量，李友芳在厂里定下了一个规矩：不管哪一天，醋质量好，产量高，就通知厨房间买肉犒赏工人师傅。这在当时的制醋师傅中间被传为美谈。无奈他主持恒顺厂期间，遭遇了通货膨胀、投机横行的劣境，回天无力。尽管李友芳利用自己在金融界的影响力，筹集资金，也只能艰难维系生产，恒顺除了醋的产量还能保持外，其他的品种几乎全部停产。新中国成立前夕，恒顺已成空壳，流动资金枯竭，库存产品仅够维持一个月的销售，企业濒临破产。

1949 年，恒顺迎来了新中国的曙光。面对恒顺酱园的烂摊子，刚刚成立的镇江市新政府向其发放了贷款，分配了糯米、黄豆、面粉等原料。在李友芳的带领下，恒顺很快恢复了生产。1955 年，恒顺酱醋厂完成公私合营改造，成为镇江第一个公私合营企业。李友芳出任镇江恒顺厂副厂长，直至“文化大革命”。1966 年，恒顺酱醋厂正式成为全民所有制企业。

公私合营镇江恒顺酱醋厂商标

李友芳精明强干，为人正直，性格豪爽，急公好义，助人为乐。他是镇江市第一至六届人大代表，生前为江苏省工商联执委、镇江市工商联副主委、江苏省民主建国会会员。1981 病故，享年 79 岁。

人物启迪

创业难，守业亦难，而把企业做强做大就更难。李皋宇父子在恒顺醋业的发展中，不仅成功地守业，还把企业做强做大，成为引领醋业的龙头企业之一，对镇江经济的发展做出了贡献。李皋宇父子目光远大，也有强烈的创业冲动，他们除了经营好恒顺醋业以外，也把触角伸向了其他领域，又创办了多家民族企业，很了不起。尤其是李皋宇的知人善任、注重调查之风、保护商品品牌意识强等优点，值得后来的创业者效仿。

邵尔康

火柴巨商

第二次鸦片战争后，国门大开，当时的“洋火”即火柴也传入中国。起初，中国火柴市场一直为瑞典资本所垄断。1892年，山西巡抚胡聘之筹资创建山西火柴局，仿造瑞典火柴，才有我国自己的火柴工业。到了1920年，镇江也有了火柴厂。

镇江火柴厂的创办人是邵尔康。1911年，邵尔康集资5万元，开办了上海荧昌火柴公司，先在浦东烂泥渡设厂，制造红头火柴。1916年，又在浦东陆家渡建新厂，制造黑头安全火柴。因经营得法，产品畅销，利润颇丰，于是邵尔康决定扩大生产。他委托同乡李皋宇在镇江的西郊新河西岸购地42亩，于1920年5月建第三厂，即镇江荧昌火柴厂，公司资本增至40万元。

镇江荧昌火柴厂规模较大，主要生产设备有排版机30部，折版机17部，贴招机16部，调药机2部，磨磷机1部，理梗机和铜版机各2部。工人606人，年产火柴2.4万箱，火柴销往九

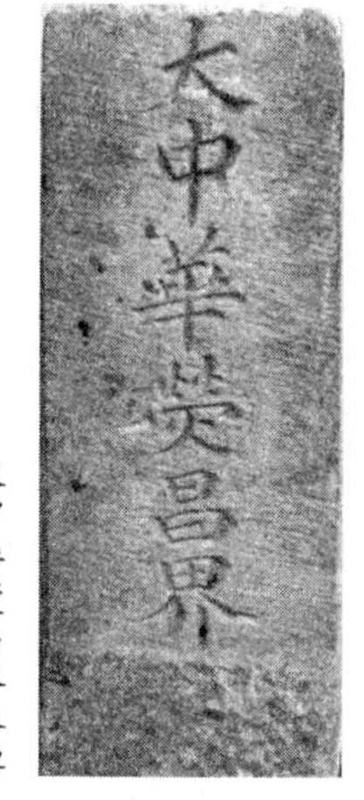

大中华荧昌界界碑

江、芜湖、汉口、上海、苏北等地区。1934 年，工人增至 660 人，日产量 100 箱左右。

这些都归功于邵尔康的辛苦经营。不但如此，他对当时整个国产火柴业也有着相当大的贡献。在荧昌创办之前，帝国主义在我国的势力很大，光是长江一带的日本火柴，每月就要销到 40 箱以上，而那时国人经营的火柴厂，最重要的火柴梗片又都依赖日本。邵尔康创办荧昌后，除给外货以巨大压迫外，还于上海浦东首创华昌梗片厂，从根本上进行抵制。

为了打击中国民族火柴工业，挽回被中国火柴夺占的市场，瑞典火柴集团开始低价倾销，正崛起的日本火柴也紧随其后，对中国的火柴业造成巨大威胁。此时中国的火柴业奋起抗争，一个叫刘鸿生的企业家发表了著名的《刘鸿生告火柴同业书》，倡议中国火柴厂商联合起来，共图生存。

镇江荧昌火柴厂采纳了刘鸿生的建议，率先和苏州的鸿生火柴公司、周浦的中华火柴公司达成合并协议，1931 年 2 月正式登记成立“大中华火柴股份有限公司”。“大中华”兼并同业，扩大规模，不仅对外国火柴的倾销起了抵抗作用，而且在生产技术和经营管理等方面也大有改进，建立起一整套生产、销售、财务的集中管理制度，统一产品规格标准。专门设立了技术课，研究并解决了火柴头容易受潮的大难题，品质达到瑞典名牌标准。

这一合并给危机四伏的火柴工业带来希望，因而吸引了其他同行。1931 年 1 月 1 日，江西九江裕生火柴公司以 457351.87 元资产净值合并进来。1932 年，陆小波在镇江筹建中的木森火柴厂也合并进来。1934 年，资产净值 65 万元的杭州光华火柴厂也并进大中华火柴公司。至此，大中华公司能够年产火柴 15 万箱，约占全国火柴总产量的 15%，占苏浙皖赣鄂湘地区火柴产量的 50%，成为当时全国规模最大的民族火柴企业。

镇江荧昌火柴厂火柴盒（一）

1937 年 7 月，抗日战争全面爆发。日寇铁路所到之处，我国民族工业均遭受无耻的掠夺。一纸“军管理”，镇江荧昌火柴厂即被日军宣抚班强行霸占。1938 年 3 月，宣抚班委任周仰乔

（谙日语，时任镇江西郊维持会主席）负责，改厂名为镇江磷寸工场，动用原有原材料，于3月10日开工，日产火柴40余箱，所获利润一半上缴日军部。

1939年2月，日寇设立火柴联营社，作为掠夺我国沦陷区火柴工业的机构，由日本人植田贤次郎主持；并在天津、上海、青岛设立分社，划分区域以榨取火柴厂的利润。其中华中区入社者，有上海、苏州、南通、镇江等地开工的火柴厂家，所以镇江磷寸工场的另一半利润，又须上缴上海分社。

1940年3月，日军为了笼络人心，表示“中日亲善”，发表声明：日军代管之华方财产移交中国政府（汪伪政权），由中国政府发还合法所有者。邵尔康申请解除“军管理”，发还厂产自营。但日寇食言，提出收买沪、镇荧昌火柴厂作为解除“军管理”的条件，并向大中华火柴公司总经理刘念义（刘鸿生之子）寄送“有生命危险”的恐吓信。大中华公司被迫屈从日方条件。日军部指定中支那株式会社、火柴联营社上海分社与大中华公司组建为华中火柴股份有限公司，协定为期3年，沪、镇两荧昌厂由新公司收买。这样，日军部才解除了大中华公司及其他各厂的“军管理”和“敌产”嫌疑。

而所谓的“收买”，其实就是掠夺。华中公司额定资本为伪中储券1000万元，沪、镇两荧昌厂由日方单方面低估为4166660元，按合办契约的规定，应由该公司开业后6个月偿还，但日方一直拖延到两年之后，只偿还了821023.97元，之后不再偿还。于是沪、镇两荧昌厂被日寇“合法”霸占。

抗战胜利后，镇江荧昌火柴厂恢复生产，但一直未能恢复到战前规模与水平。

镇江荧昌火柴厂火柴盒（二）

新中国成立后，私营火柴企业所面临的困难依然严重。1950年4月，大中华公司负债达50多万元，而上海、天津、西安、北京等地有37家火柴厂歇业关闭。政府为了帮助私营火柴企业克服旧经济改组中的暂时困难，维持和发展生产，由国营商业部门收购当地火柴厂部分产品，同时又根据各厂的情况分别予以适当贷款。国家还加强了对私营火柴企业的管理，采取平衡产销的措施，在一定程度上限制了私营火柴企业生产的盲目性。1953年后又实行全面包销，使其全部纳入国家的计划轨道。镇江荧昌火柴厂1953—1955年包销量达26万件，渡过了困难的岁月。

1954年，随着国民经济走上正常发展的轨道，火柴工业也得到复苏。从解放初到公私合营前，荧昌厂的生产业绩显著：1950年2.64万件，1951年4.87万件，1952年4.83万件，1953

年5.11万件，1954年5.2万件，1955年15.8万件。

1956年1月18日，经镇江市人民政府批准，改厂名为“公私合营镇江荧昌火柴厂”。同时把无锡新中梗片厂和扬中县梗片厂并入镇江荧昌火柴厂，该厂规模扩大，人员倍增，设备齐全，成为当时镇江市最大的轻工企业，而且还是全省同行业中产量最大的单位（年产火柴达18.53万件），走上了全新的经济发展轨道。

人物启迪

提到民国时期的镇江民族企业，镇江荧昌火柴厂是其中的佼佼者，规模大、销路广是其一大特点。邵尔康作为镇江荧昌火柴厂的创始人，他的眼光值得称赞。他能从上海办厂，扩展到镇江办厂，又把在镇江的火柴厂做大做强，抵制了洋货的入侵，并推出了自己的品牌，很不简单。同时，他还具有大局意识，不图个人的私利，积极参加民族企业的抱团取暖，合并联营以抵御外货的垄断，爱国之举精神可嘉。

凌焕曾

教育救国的实业家

凌焕曾（？—1940），字敏成，丹徒城（今镇江市区）人，商人。自幼家境贫寒，早年在上海某颜料店学徒。出师后经人资助，在镇江老西门大街（今大西路）开设增泰来颜料店。第一次世界大战前，他与德国颜料商人素有往来。大战爆发后，德商奉召回国，将存货全部卖给凌焕曾。大战后，颜料价格暴涨，凌焕曾顿成巨富，因而又增开布店、药房，并在江浦、金坛、丹徒等地购置经营房地产，成为江南一带闻名遐迩的巨商。民国时凌焕曾还与严惠宇合作，在四摆渡成立了益民制种二场，为发展镇江的蚕桑事业出力。

1912 年秋，深信教育救国的凌焕曾目睹地方教育不兴，贫寒子弟入学无门，他深感痛惜，为振兴地方教育和培养人才，决定投资办教育。当时，在镇江四牌楼附近小区旁的一条街名为道署街，清朝时一道台看中了这处原为宋代著名书画家米芾居住过

凌焕曾

的风水宝地，将衙门建于此而得名。辛亥革命后，凌焕曾收购了道署衙门的房产土地，大兴土木，将道署旧房全部拆除，重新建造了别墅、花园和家祠，其规模和质量在镇江算得上是数一数二的。如现存的“凌氏家祠”和“敏成别墅”两块汉白玉石碑，就是近代杰出的书法绘画大师和著名的教育家、国画大师张大千的老师曾熙题写的。

1922年秋，凌焕曾出资3万余元，在太平桥东道署衙门自家房产的土地上（今丹徒县政府及解放路小学）创办了敏成学校。先开办初中1班，附小学1班；翌年停办初中，改为两等小学，初高级共设4班，有学生百余名。贫寒子弟入学，一度不仅免收学杂费用，还免费供应一顿午膳。

敏成学校后改为六年制完全小学。因办学成绩显著，得到国民政府江苏省教育厅的赞许和省主席的明令嘉奖，颁给“矜式南

畢業證書
學生錢本榮係江蘇省
鎮江縣人現年十六歲
在本校高 級 部
修業期滿成績及格准
予畢業此證
鎮江私立敏成小學校長凌步曾
中華民國[illegible]四年七月 日

敏成小学毕业证

邦”匾额一块。敏成学校曾以设施齐备，环境幽雅，教学严谨，成绩斐然而饮誉江南。学校除一般教室外，还设有科学馆、图书馆、美术馆、体育室、音乐室、卫生室、食堂、花房和幼儿园等设施为教学和后勤服务。首任校长刘江南曾执教于北京大学，为南社中之佼佼者，著有《黄叶楼遗稿》存世。

敏成学校校舍

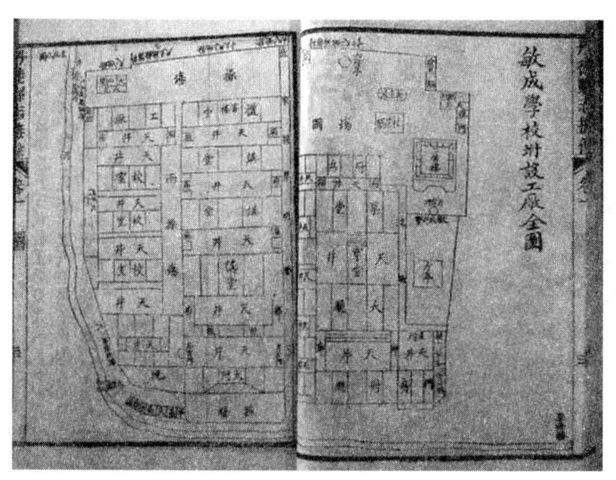

敏成学校设计图

凌焕曾 1940 年病故于上海，他的儿子凌少曾和凌幼曾继承父业，继续投资兴学，弘扬凌家办学传统。1930 年，敏成学校成立了校董会，镇江三老（冷御秋、陆小波、严惠宇）、李韧哉、葛凤池等人担任校董，推选凌焕曾的长子凌少曾为首席校董兼校长。

人物启迪

由于做人低调，知道凌焕曾的人并不多，他在做颜料生意上很有一套，善于把握商机，为创业挣得了第一桶金。以后他又进一步扩大经营，办布店、开药房、搞房地产，成为江南的巨商。知道镇江敏成学校的人很多，镇江的方志上均有该校的照片和介绍。敏成学校是凌焕曾创业成功后办学的结晶。该校在镇江小学教育史上名垂青史，至今凌焕曾纪念室仍保留在学校之中，闪烁着凌氏教育救国的风采。

于树深
诗文俱佳的儒商

于树深（1883—1950），又名觉，别名觉庐，字小川，祖籍仪征，世居瓜洲，生于镇江，称润州于氏。其父于学源，字百川，据记载，“于百川世居瓜洲，籍仪征，少服贾……当道拟广镇江商埠，时华夷纠纷，富商大贾惮莫敢前，常镇道许某耳百川名，请为介，不数年商埠遂兴，而百川所业益隆隆起，性至孝……迁祖墓，建宗祠，立义庄，并推而及于救生，掩胔，施药，育婴之属……远近闻之传为美谈”。

于树深曾就读于江阴南菁书院，受戊戌维新思潮影响思想比较进步。他参加柳亚子先生组织的南社和邑人赵芍亭先生组织的海门吟社，以诗会友，激发爱国情怀，《海门吟社初编》中收录了他的不少诗作。后来他承袭其父于学源“急公好义，乐善好施”的遗训，弃儒业，从事工商业。他继承了父亲的遗产牲记钱庄，经营近30年。他投资商业最著名的有沅记糖栈和大源油饼

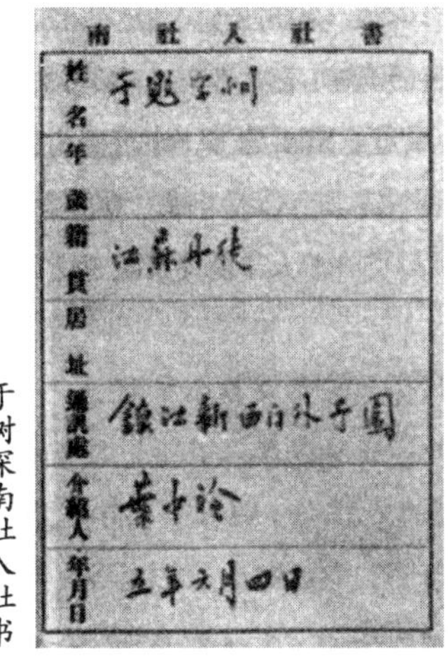
南社入社書

姓名	[illegible]
年歲	
籍貫	江蘇丹徒
居址	
通訊處	鎮江新西門外于園
介紹人	[illegible]
年月日	五年六月四日

于树深南社入社书

厂。大源油饼厂创办于1913年5月，由于树深和朱朗轩等创设，具有一定规模，为长江下游各埠第一个机器榨油厂，出口豆饼远销南洋、日本等地，在国际市场有较高声誉。十余年后，因经营不善而闭歇。

于树深曾被陈庆年先生延聘对元代《至顺镇江志》及《瓜洲续志》做过校订工作。北洋政府时，于树深历任镇江商会会长、县参议长、省参议员、国会议员；国民政府时期，历任江苏省商联会主席、国民代表。

于树深热心公益事业，曾经管京口救生会和瓜镇义渡局数十年，拯溺甚多。“瓜镇义渡局”先后由于学源、于树深父子经管，经历了不少沧桑和艰辛。同治十二年（1873），于学源被推总管局务。他为人干练，长于经营，地方志说他“知识过人，以商业起家，好施乐善不倦，老而弥笃”，是一位热心的慈善家，在任时精打细算，积有余款，购买了镇江、扬州的14处房产和1万余亩芦滩，用这些产业的租金收益作为义渡船的固定经费。

光绪二十八年（1902），于学源去世，其侄于树滋接办，后来又推其子于树深主持该局事务。他继承其父的事业，又进一步推动了义渡业的发展。

义渡专渡瓜洲来往镇江的客商，全是免费，从这年起至1950年，从镇江西津渡小码头到对岸瓜洲、七濠口，每天都有一艘大船定时来往，两岸穷苦百姓受惠不浅。

那时，义渡局有严格的规章制度，一是渡运有明确的时间规定，黎明开渡，上灯止渡，一年中只有农历腊月二十一至除夕准许夜间开航。平时如有特殊情况，经报急，分局值班人员查实同意后，也可以夜里开渡专送。二是渡船规定载客人数，保证航行安全。每船一般以20人为限，最多不得超过30人。遇到风浪大作时，兼作救生。义渡局的所有经费除镇江钱庄、杂货、丝绸、西药、洋行五业捐助外，不足部分由瓜洲盐商和粮商补贴。据1936年统计，每年渡客达50万人次，近80年间的义渡人次逾数千万。

1931年，于树深抱着造福地方、服务桑梓的目的，在于氏宗祠内兴办忠肃小学，此举同时也是为了纪念于氏先祖于谦。于谦是明代名臣，因写有“千锤万击出深山，烈火焚烧若等闲。粉身碎骨全不顾，要留清白在人间”的诗句而闻名。他曾因“莫须有”的“谋逆罪”被害，于万历年间平反昭雪，谥忠肃。

于树深办此校是解决政府教育经费不足、普及教育的一大善举。当时他聘请的首任校长是镇江的名教育家法度（兼任女职校长）。1935年法度离任后，由法良继任。学校规模不大，有4个教室（一二年级合、三四年级合、五六年级单设），没有操场，课间在天井中活动。抗战胜利后改名武肃小学。1956 年更名为中华路第二小学。20 世纪 60 年代教舍改建，新建了教学楼和操场，后并入中华路中心小学。

镇江解放后，于树深曾两次出席苏南各界人民代表会议。“土改”开始后，他率先响应政府号召，献出了全部的田产，当时新华社发布新闻称之为镇江市的“开明士绅”。

人物启迪

于树深本是儒者，他毕业于著名的江阴南菁书院，是南社和镇江海门吟社的成员。后来他承父业，开钱庄、办工厂，开创了个人的另一番天地。他办实业并不是以商人的利益为重，而是把造福一方、服务社会作为自己的座右铭，把利润所得的大部分都花在了公益事业上。其中经营京口救生会和瓜镇义渡局，花费了他大量的心血，为后来人树立了很好的学习榜样。

李培田 李雨春

丹徒酒业大户

李雨春（1837—1910），江苏镇江宝堰镇人。清咸丰年间，他洞察到在农村单靠种田收入不易丰足，应以经商作为开拓途径，争取以商补农。经过一番调查后，他开设了铭记酒行。铭记酒行位于宝堰镇工字街北边，初为 3 间门面，6 间栈房，店阜紧靠码头，水路运输方便。经李雨春多年经营，到了清末，已蜚声江浙一带。

李雨春经营有方，他认为要想货源充足，必须让农民有利可图，即适当提高一点收购价，薄利经营，追求长远。经过多年努力，酿酒业成为宝堰及周围农村的主要产业，可谓村村有酿酒作坊，处处可闻到酒香。不久，业务就扩展到句容、江宁、溧水、高淳，以及丹阳、金坛几个县临近的农村。酿酒业的扩大，为铭记酒行的发展奠定了坚实的基础。

李雨春从事酒业采取薄利多销和保质保量两大经营策略，不

老街

过几年，已将句容县境内的几乎所有的生意争取到宝堰，继而将江宁、溧水、高淳三县的大部分生意也从南京争取过来。甚至连苏北泰县、泰兴两县老酿酒商占有江南的市场也被争取过来，这样就扩大了供货量。为保证质量和信誉，铭记酒行坚持不收次酒，不缺斤短两，恪守商业道德，以此扩大影响，创立品牌。李雨春将他的酒行取名为“铭记”，就是要他的手下和家人牢记“君子务本，本立而道生”的古训。

为扩大影响，李雨春在光绪年间即以赠送灯笼作为广告，灯笼的一面贴仿宋体“铭记”两个红色大字，另一面是“酒行”两个红色大字，在两行大字之间写有“宝堰镇”三个黑色字。灯笼无偿赠送给乡民，并附赠小红烛一支，每年都会送出灯笼两万余只。近处的丹阳、金坛、溧阳、宜兴和远处的常州、无锡、苏州、上海，以及浙江嘉兴、湖州等地乡镇，都可见到“铭记酒行”的灯笼。此举给铭记酒行带来可观效益，极盛时期酒行年营酒近40万担，约占宝堰酒业的90%以上，并且保持数十年兴盛不衰。最盛时，酒行流动资金达92万元。李雨春也因此在镇江一带被人称为“拥有百万资产的商业巨子”。

铭记酒行的发展，促进了当地经济的繁荣。由于酒行的酒都收购于周边乡镇，收购时保证农民每担酒有两至三角的利润。这样一来，酿酒作坊在宝堰一带迅速发展起来。后来，李雨春又相继开设了庆遂砻坊、义隆杂货店、至和木行、义大布店，并增添了100多亩水稻田，形成了农、工、商三产齐全的家业规模。

清光绪二十二年（1896），在欢庆花甲时，李雨春向亲友庄重宣布告退，铭记酒行由其子李培田接管，自己则留意于慈善事业，并购置新屋，悬“务本堂”匾额，要求子孙铭记“君子务本，本立而道生”的古训。清光绪二十五年（1899），江南大旱，民生维艰，李雨春一面派人常年为饥民施粥，一面联合地方绅商，慨然捐助纹银约5万两。镇江知府王仁堪将李雨春的义举上报朝廷，朝廷赐给盖有玉玺的黄绫御敕一道，李家用外壳漆着朱红加飞金的四方木盒装着，挂在务本堂大厅正梁上。

李雨春在乡里的其他善举也很多。他曾以工代赈疏浚通济河，开挖塘堤；继而带头捐资，兴建宝堰镇三孔平桥，修筑自平桥向西的两条条石路。乡里亲友遇困厄往求者，无不解囊相助。清宣统二年（1910），李雨春病逝于家中。李雨春去世后，李培田掌管了铭记酒行。

李培田（1868—1914），李雨春之子，字惠卿，号心农。约15岁时，随父至酒行学做生意，与店员同吃同住同劳动，其父严加管教，甚于学徒。28岁时，掌管铭记酒行店务，除经商外，还阅读了大量的革命书报，接受、宣传孙中山先生的革命主张，策动并在经济上支持驻宝堰的清军葛蒙反正。葛遂率所部一夜间全部剪去辫子，反戈倒向新军。为减除葛蒙的后顾之忧，李慨允照顾其妻室及二子的生计，不久葛升任新军旅长，后任两湖警备司令。

1913 年，宝堰久旱不雨，田野龟裂，寸草不生，李培田忆及其父治理通济河旧事，决心续浚通济河上游，沟通丹徒、句容、江宁三县河道，接秦淮通江，并于江口建闸。会同三县名流诣省府陈请后，虽得赞许，但未予实施。同年为了开发民智，李培田自己承担全部办学经费，创办了丹徒县第三高等小学，从镇江请了三位老师前来任教，并把学生学费、书籍费全免。李培田用于学校的经费非常可观，据账册记载，一年达 7000 多元。此事经政府逐级上报后，当时中央政府以大总统黎元洪的名义，褒奖李培田匾额一方，上题“敬教劝学”4 个大字，盖有大总统印。

灾荒年月，酒行营业额骤减，为扩大财源计，李培田与姐夫去沪筹划新办事业，不意返里后竟一病不起，1914 年 7 月逝世。

人物启迪

李雨春是丹徒宝堰镇上的名人。他创办了铭记酒行，带动了整个宝堰镇经济的发展，被人称为“拥有百万资产的商业巨子”，蜚声江浙一带。他创业成功的经验是“薄利多销”和“保质保量”，同时，他也很注意酒行的广告效应和农工商行的全面发展。其子李培田不仅继承了父亲的创业风格，经营好酒业，又大力兴办教育，创办学校，让许多农民子弟受益，得到了官府的嘉奖。

李锡纯

捐钱造普济轮的

李锡纯（？—1950），字耆卿，祖籍丹徒。父为盐商，后迁居如皋城内苏家巷。他少年时曾与陆小波在同一钱庄习业。光绪末年，与道少吾、胡志清等合资开设大咸官盐栈如皋分栈。宣统三年（1911），任两淮盐政会计科长。中华民国成立后，历任交通银行清河、扬州、江宁分行行长，江苏银行经理，上海盐业银行经理等职。

1922 年，韩国钧就任江苏省长，因“军费滥支、历年亏欠，财政有破产之势”，调李锡纯任江苏省财政厅厅长，以整理财政。在任数年，颇著劳绩，获授三等嘉禾奖章。

1918 年秋，由沙元炳（健庵）、沙元槼（士度）、汪云龙（子霖）等集资 6 万银圆，由南通通明电灯公司协助，创立皋明电灯公司。经营数年后，如皋、南通两县董事不洽，南通股东退股，公司资金窘绌。董事长沙元炳请李锡纯出面扩股，他尽力资

镇江江边旧景

助，使公司得以继续经营，改名耀如电气公司。

1927 年，沙元炳病故，公推李锡纯继任董事长。他聘请精通业务的陈建岐来担任经理，大力整改，在东门外老坝头北通扬河畔购地 7 亩，砌建厂房，增加设备，提高了公司的管理水平，效益很快又上了一个台阶。耀如电气公司一直经营到新中国成立以后。

1923 年，汪咏沂、马士杰、李锡纯等发起募捐白银约 3 万两，建造用于长江南北义渡的普济号钢质蒸汽机客轮。船体由李恒记船厂老板李国恒设计、放样，蒸汽机由茂昌机器厂生产，锅炉制造和铆工聘请上海师傅承担。普济号总吨位 188.07 吨，净重 78.83 吨，总长 31.39 米，总宽 6.41 米，型深 1.95 米，载客 416 座，时速 15.4 公里。这是镇江造船史上第一艘、也是新中国成立前生产的唯一一艘民用机动钢质船舶。当时，李锡纯任财政厅长，他和陆小波是同学好友，在一起商议购造普济轮事，后又决定由财政厅拨款，维持轮船每年的维修费用。普济轮船身大，能抗风浪，确实减少了渡江事故。该轮船按慈善救济事业的性质经营，渡资收费标准低，以致入不敷出。但由于每年由省财政厅拨款维修费用，因此缺口尚能由各董事设法补足，维持经营。

李锡纯彬彬儒雅，热心公益，好与文士交往。江北沦陷前，其举家迁居上海，住宅曾为日寇占据，家藏书籍文物，或被劫掠，或遭焚毁。

1946 年，李锡纯与李济华、朱焕彤等发起创设如皋县银行，李锡纯任董事长。1946 年 9 月，李锡纯当选中华职业教育社名誉理事。1950 年，李锡纯病故于上海。

镇江救生会旧址

人物启迪

由于资料的缺乏，对李锡纯的着墨不多。从其丰富的履历看，他应该在银行界有所作为，在江苏财政厅厅长任上有所建树，在办电气公司方面有成功的经验。给人印象最深的还是他对镇江公益事业的热心。其中，募捐钱款建造普济号客轮的善举引人关注，因为这艘客轮对镇江慈善事业的发展有着巨大的影响。

吴泽民

资格最老的商会会长

吴泽民（生卒年不详），近现代镇江工商界知名人士、实业家，名兆恩，曾习业于镇江源记糖行。20 岁左右，创设镇江生茂源糖北货行栈，不久倒闭，改创德新源字号，营业日有发展，不仅偿还了生茂源所欠的债务，字号也站稳了脚跟，成为讲信用的字号。到光绪中期时，德新源已成为糖业北货业中首屈一指的大型行栈。

所谓糖、北货行栈，是指领有糖、北货两种长期部帖以代客买卖糖、北货为主的行栈。他们分别参加糖、北货两个行业的公所。这些行栈的营业进出口额都很大，新旧字号有 20 余家，一般资本都在 60 万两以上。如源记、同泰、许和泰等都资力雄厚，他们的负责人，往往都是商界的领军人物。如泰顺的负责人刘润泉是商会的副会长。

吴泽民开的德新源糖北货行栈，更是了得。其营业曾经显赫

镇江商会

一时，所以他能够和源记的糖老板朱朗轩相互扶持，主持镇江商会十多年，在商界中树立了很高的威望。

当时，以德新源糖北货行栈为代表的一批大型行栈，不仅代销北帮运来的客货，还自己到北货的产区设庄收购，且以自运为主，有自己的船队。对于资金的运用，他们除了本身资力和钱庄放款外，外庄还可以开出镇江汇兑的银票。北方客户对这种汇票极其信任，其中信用最佳的德新源、永泰恒等行栈的汇票，常被北方人当作现钞流通，经年累月才来镇江汇兑。

德新源糖北货行栈对外地各销区、各帮客户的营业方式，同本地经营的方式差不多，一般都领有长期糖行部帖。除糖以行家资格向广、潮、建帮或洋行开进外，海味杂货则向上海贩运，并向汉口、江西贩运上江土产。糖杂货的销区，除以北货各产区为主外，还有江北里下河的广大地区和南运河附近的城镇。有时，常州、江阴及上游的南京、芜湖等处也来镇江买糖。

吴泽民因为生意做得红火，手上的银两不少，加上他很喜欢在社会上参加活动，曾经纳捐和做慈善公益的保举，获得许多官衔，由监生、同知，一直到道台。

1900 年，清政府为“讲求商务”，令各省设立商务总局，各州县设立分局。南京的江南商务总局成立，委派镇江绅士茅谦会同丹徒知县创设镇江商务分局。1902 年，镇江设立商务分局，茅谦出外为官，局务由吴泽民代理。

1903 年，镇江商会成立，商务分局撤销，吴泽民被推为商会总理，后改为商会会长。吴泽民是镇江历史上第一任商会主持人，并一直连任，延续了十多年。

辛亥革命时，为和平光复镇江，吴泽民曾代表地方自治团体，同县议事会议长一起冒险入旗营与清军副都统载穆谈判，最终让 3000 多名旗兵缴械，镇江得以和平光复。1901 年，吴泽民等创办了镇江第一所中医院。

光绪末年，清政府兴建南北铁路线津浦铁路线，纵贯河北、山东、江苏、安徽四省，是长江下游一带十分重要的南北干线。照刘鹗的建议，津浦铁路原来的终点不是浦口，而是镇江。1899 年清政府与英德银行团签订了《津镇铁路借款草合同》，借款总额为 740 万英镑，并规定天津至山东峄县为北段，由德国德华银行承筑；自峄县以南至镇江为南段，由汇丰银行与怡和洋行合资组成的英国中英公司承筑。

同时，还有文献认为，有计划拟将“沪镇铁路”（上海到镇江）和“瓜清路”（瓜洲到清江浦）衔接，再由清江筑铁路北达天津和陇海路交叉。然而，不论计划如何，当时的情形是，镇江商会中最为重要的人物吴泽民迷信风水，认为在镇江修筑铁路会破坏镇江大好气势，影响商业繁荣，就联合镇江籍官员、翰林坚决反对，使得清政府变更计划，改筑沪宁路和津浦路衔接。因此，铁路建成通车后，南北货物交流不需由镇江集散。再加上其他原因，镇江商业一蹶不振。故以后二三十年间，镇江人士谈及商业走下坡路的原因，每每归咎于吴泽民。

吴泽民反对镇江修建铁路当然有自己的理由。事实上，开埠以来的镇江还是被西方人寄予很大的厚望的。更不用说在相当长的长江轮船运输时期，镇江在商业经济领域曾取得过突出成绩。仅就镇江港口运输条件而言，就得到了相当长足的进展。如镇江江边建造了多个可停靠长江大中型轮船的栈桥码头。许多外商、华商企业还纷纷建造码头，这些对于繁荣镇江港口城市经济都起到过积极的推动作用。但是，相关的数据表明，恰恰在铁路开通以后，镇江港口贸易成绩，有了极其重大的变化。1908 年以前，镇江外贸成绩一直维持在比较高的水平上。而 1908 年以后，却连续走低，至 20 年代初才渐有起色，但基本上维持在 1900 年的水平上。

镇江光复后，吴泽民继任商会会长，数年后退职。不久病故。

人物启迪

吴泽民早年创办镇江生茂源糖北货行栈，不久即倒闭。他不甘心失败，很快又开设了德新源字号。像吴泽民这样遭遇挫折，二次创业的，当年很多实业家都经历过。创业路上不会一帆风顺，更不可能一蹴而就，遇到发展瓶颈亦为常事。失败乃成功之母，吴泽民在困难面前不气馁、不退缩，吸取教训，总结经验，审时度势，保持坚忍不拔向前闯的精神，并且切实练好企业内功，诚信经营，商德为重，拓展业务，终于将德新源发展成为糖业北货行中首屈一指的大型行栈。

许沅

外交家改行的实业家

许沅（1878—1972），字秋帆，外交家、实业家，江苏镇江人。他14岁就读于上海中法学校、汇英书院，后考入南洋同文馆，复转入金陵大学，精通数国语言。民国成立后，历任河南交涉局局长、上海俄侨通商事务局总办（行使驻俄领事职权）、特派江苏交涉使、外交部条约委员会委员等职。

在对外交涉中，他为维护国家和民族工商业者利益不遗余力，深得地方信赖。如他在任河南交涉使时，妥善处理好中英双方在焦作煤矿上的纷争，促成了合作，并为推广教育做出了贡献。焦作煤矿的工业化大规模开采源于清末，这和一家英国公司有关。这家英国公司有个非常中国化的名字，叫福公司。福公司闯入河南市场，开采“怀庆左右、黄河以北诸山各矿”，这标志着河南矿产资源近代工业化开采时代的到来。福公司进入河南后，让河南人见识了机械化开矿的力量：旨在提高煤炭质量的水

许沅

洗煤第一次出现在中原；制造精良的锅炉、汽轮机、发电机、绞车、水泵等相继进入矿山；“所作井巷工程完备”，“煤炭成本低廉”，售价只有土窑的3/5。

但福公司随着探矿的延伸，把开采触角伸到了议定的界线之外，引起了当地有志之士的不满，他们认为福公司在窃取河南的煤矿资源。1907年春，河南绅商发起组织矿务研究会，抵制福公司。河南籍士绅王抟沙挺身而出，他找到许沅和胡汝麟两位知名士绅，请他们帮助。经过他们的共同努力，河南成立了中原股份有限公司，成为一个可与福公司抗衡的、国内规模较大的官商合办的煤矿股份有限公司。

1915年5月7日，河南代表和福公司代表在北京正式签订协定，宣布中原公司和福公司合并。6月1日，河南省第一家中外合资企业——福中总公司在焦作正式成立。在福公司和中原公司商讨合并时，提出了建矿务学校的事宜。新成立的学校暂设开封，校名为福中矿务学校（今河南理工大学前身）。由于许沅时任河南交涉使，参与了合并的事宜。与英方合作，免不了涉及外交事务，所以当福中矿务学校成立时，归外交部河南交涉署直辖，由北京政府外交部河南交涉署通过河南巡按使管理，在北京政府教育部、外交部、农商部立案。

1915 年 6 月 5 日，福中矿务学校在开封举行了开学典礼，福中总公司督办在训词中称："特派河南交涉员许君秋帆（许沅字秋帆）热心提倡，煞费经营；福公司总董费趋福君、王抟沙君，中原公司胡石青君（胡汝麟字石青）和衷共济，协助进行；福中矿校得以克期成立，其裨益于矿学，有功于吾豫者，岂浅鲜哉！"许沅担任了福中矿务学校的首任校长。

许沅在担任上海交涉使时和丁文江一起，为收回中国的租界会审权进行了长期的斗争，取得了成效。1926 年 5 月 21 日下午，丁文江、许沅与各国驻沪总领举行秘密会议。到 8 月 6 日止，双方共举行了 8 次谈判。双方争论的焦点，有刑事问题、外员陪审问题等。谈判桌上，丁文江、许沅等外交官在原则问题上寸步不让，在细节问题上能灵活变通，掌握了西方人的心理和游戏规则，交涉起来有事半功倍的效果。8 月 23—31 日，丁文江、许沅与 16 国驻沪领事先后签订《收回会审公廨暂行章程》。章程规定：在原会审公廨改设临时法院，临时法院适用中国法律。临时法院的院长、推事由江苏省政府任命。这样，旷日持久的收回会审公廨交涉案终于告一段落。1927 年年初，临时法院成立。再过 3 年，南京政府与各国签订《关于上海公共租界内中国法院之协定》。至此，迁延近 20 年的收回会审公廨之交涉终告完满结束。

1927年后，许沅离开外交界，开始兴办实业。他在上海创办了大中华饭店，后来又经营过中央饭店，成为两大知名饭店的董事长。1843年上海开埠后，洋人所建新式饭店旅馆破土而出，如1846年英商礼查在公馆马路（今金陵东路）外滩创办了一家西式旅馆——礼查饭店。随着商业的繁荣，中式客栈及旅社从上海县城向租界内延伸。到了民国初期时，老上海的公共租界中区，已经成为旅馆酒店业非常兴盛的地区。当时外资兴办的有汇中、都城等，华资兴办的有东方、中国饭店等，其中华资的数量居多。

大中华饭店（一）

许沅的大中华饭店位于西藏路200号。饭店有员工190人，是当时的一等旅馆，酒店部分对外承包中西筵席，旅馆部分有127间客房，并设有话剧场等附属设施。今旧址被列为上海市文保单位。

中央饭店的规模更大，也更有名，位于外滩中山东一路 19 号，是上海最早建成的旅店之一。这幢建成于 1908 年的大楼，是当时上海滩最高，也是第一幢安装电梯的大楼，呈文艺复兴时期的建筑风格。所居旅客多为华侨、高级职员、政界官员、商人等所谓“高尚人士”，也有部分在上海长期工作，一时找不到住房安家，借住在旅馆中的长住客。

许沅还是镇江、丹阳、金坛、溧阳、扬中五地旅沪同乡会的理事长，镇江同乡会主席、监察委员。他对家乡建设多有贡献。在镇江西乡二五段村创建丁卯学校及附设图书馆，又在金山附近创设中冷新村，兴建金山河活动大桥和正民桥。在西乡兴修南大岸水利工程及数座石矶，消除了这一地区的水患。他对故乡慈善事业也有所补助。

大中华饭店（二）

人物启迪

许沅作为民国初年的具有强烈民族气节的外交家，为维护国家和民族工商业者的利益做出了很多努力，特别是为收回中国的租界会审权进行了长期斗争并取得成效。中年之后改行投身商海，成为上海两家知名饭店的董事长。他由此为家乡镇江的建设和慈善事业做出诸多贡献，如办学架桥、兴修水利工程、创建中泠新村等。许沅转型成功后爱国爱乡、实业为基、义利并举、回报家乡的心路历程，仍值得当代企业家学习。

蒋铭山

宴春酒楼与

提到宴春酒楼，镇江人没有不知道的。这个闻名遐迩的老字号餐饮企业，始创于 1890 年，在《中国大百科全书》中可以找到关于它的记载。据说，酒楼的创办人蒋铭山在开业的时候，请来了当地一个叫吴季衡的文人，请他为自己的酒楼写一幅门联，联云："宴开桃李园中一觞一咏；春在金焦山畔宜雨宜晴。"受到众人的喝彩，于是主人就将此联的头两字取出，起名"宴春酒楼"。迄今已有百年历史。

宴春酒楼以供应镇江地方特色菜肴、特色早点出名。酒楼根据长江特产推出著名的"三鱼两头"，即清蒸鲥鱼、清蒸刀鱼、白汁鮰鱼、拆烩鲢鱼头、清炖蟹粉狮子头等，成为镇江著名的特色菜肴。酒楼制作的水晶肴蹄、蟹黄汤包、熟制蟹油是镇江地方有名的特色食品，曾荣获"江苏省名特食品""全国饮食业优质产品'金鼎'奖"，全国烹协授予"中华名小吃"。酒楼的数十款

老宴春酒楼

菜肴收录于江苏省名菜名点菜谱。

宴春酒楼位于原天主街中部，即人民街 15 号，该店自开业以来，名厨汇聚一堂，名菜层出不穷，在行业内独树一帜，久盛不衰。镇江人将到宴春酒楼吃早茶、宴宾客视为上档次的礼宾活动。酒楼制作的水晶肴蹄、蟹黄汤包更是请客送礼的上佳食品，享誉中外。

回顾宴春酒楼的发展过程，从跻身镇江百年老店行列，到载入《中国老字号辞典》，无论是其创办者，还是后来的继承人，都功不可没。正是他们的辛勤努力和持之以恒，才让这座酒楼走到今天。

蒋铭山，清光绪初年出生于江都砖桥韩家湖的一户普通人家。因家贫，他 10 岁时到仙女庙竹行当学徒，后由亲戚介绍到镇江观音洞打扫卫生。随着年龄增长，体力增强，他开始到英商怡和洋行趸船当工人。到30岁时，经过十几年的省吃俭用，攒下了些钱，他便萌发了创业的愿望，于是就在镇江义渡码头与人合伙盘下来一爿小旅馆，后逐步过渡到自己独资经营，旅馆改名利栈。

后来过了几年，蒋铭山在繁华的日新街又开了一家利栈旅馆。经营数年，有了钱在日新街开了新旅社，并把新旅社翻造为四层楼房。通过一路拼搏，经营不断发展，蒋铭山的社会地位也不断提升，成为镇江旅馆业同业公会会长。

蒋铭山在旅馆业打下根基后，又把发展的眼光瞄准了菜馆业。1940年5月31日，他在人民街即原天主街开了宴春酒楼。宴春酒楼的地址原来是块空地，蒋铭山与天主堂商量，由天主堂建筑屋宇，宴春酒楼出钱押租。

宴春酒楼的崛起，与镇江久负盛名的肴肉分不开。早在清朝初期，镇江就以京江水晶盐蹄为地方著名特产。南来北往的商贾、达官显贵、游客，到了镇江都要一尝为快，并以肴肉作为馈赠亲友的礼品。在宴春酒楼开业后，蒋铭山开始树立商标意识，推出了“宴春肴肉”的品牌。酒楼对肴肉的选料、制作相当讲究，专门在堂口设置冰箱，保持肴肉供应，销量稳步增长。

镇江有三怪：“肴肉不当菜，香醋摆不坏，面锅里煮锅盖。”吃上一顿地道的宴春早茶，是当地老人家和游客们一天的开始，而宴春早茶的主角儿则是被称作镇江第一怪的“水晶肴肉”。肴肉，在清初时叫水晶盐蹄。清初，肴肉煮好了，就放在绿烫子里。绿烫子是一种瓦釉磁盆子。天冷时，肴肉自然冻起来。天热时，送冷藏库成冻。蹄冻子色微黄而透明，像水晶一样，口味也很美，所以，就有了水晶盐蹄的名字。镇江肴肉享有盛名，肴肉有色、香、味三大特色。镇江大一点儿的馆子，早市都有肴肉供应。

蒋铭山一生勤俭持家。开宴春酒楼后，他自任经理，住在店中，每天起早睡晚，处理事务。早晨开锅的面汤，值厨师傅先得舀一碗送到他面前，出笼的点心，也要先送两只给他，请他品尝，看看汤的火候、用料，以及点心的捏花、口味，确保质量过关。他在用人上下足了功夫，曾聘请了做肴肉、下面的名师吴宝安、丰成怀、丰国庆和做点心的白案名师马德源、红案名师王鸿喜等人到宴春酒楼掌厨。

宴春酒楼最盛时期，经常是吃客排班等桌子。人们办事、请客总喜欢到这里。外地商旅路过镇江，如果没有光临宴春酒楼，会觉得是一件憾事。宴春酒楼当时的招牌菜肴有红焖蹄子、清蒸刖肉、五味锅、拆烩鲢鱼头、白汁鱼肚、醋熘鳜鱼等。相传民国时南京最高法院院长夏勤喜爱拆烩鲢鱼头，每周末，镇江江泰轮船公司的负责人就到宴春酒楼烧拆烩鲢鱼头，派专人送南京夏公馆。

人物启迪

宴春酒楼是著名的老字号餐饮企业，在镇江乃至江南一带都是响当当的招牌，至今长盛不衰，持续发展。其创业者蒋铭山的功劳不小。他敢于创业、善于创业的举动不同凡响。虽然他自己不是读书人，但他懂得餐饮亦需文化支持的道理，从他邀请文人雅集，取其精品作为酒楼的招牌文字，就可看出他的精明。他抓住肴肉的镇江特色，比其他商家领先一步规范工序、完善工艺，及时推出了“宴春肴肉”的品牌，影响深远。他深知餐饮企业的运营之道，从不自满，不断创新，不间断地推出各种新鲜特色菜肴，与我们今天创业所倡导的不断进取是一脉相通的，值得称赞。

姚俊之

制药与味精大王

姚俊之（1908—1989），又名姚福才，江苏扬中永胜乡人，早年随父母经商。父亲姚德元，清末在镇江南门一带的贺家弄开设源记丝绸厂。因军阀战乱，厂房关门。1923 年全家返回扬中。1926 年，经堂兄姚献之介绍，定居上海，到日本人开设的重松药房当练习生。

姚俊之在重松药房当练习生期间，刻苦学习，虚心向同行请教，逐渐掌握了西药的配方制剂知识，产生了自己创业的念头。在上海期间，他曾半工半读于上海圣约翰大学化工系，努力提高自己的知识水平，为今后的创业进行智力储备。抗战爆发后，他回到扬中，为掌握更多的制药处方知识和了解市场行情，他又回到了重松药房。当时上海滩花柳病泛滥，用重松药房的“利比尔”药医治有一定疗效。他就将配方记在心里，自己采集原料，利用晚上休息的时间在住处偷偷地试验，最后搞出了药丸，给它

姚俊之

取名“乐的能”。以后，他把这种药丸给患者试用，其药效不亚于日货。于是，他把它送到药厂试制，获得成功，这样就可以大批量生产了。

经过市场的多次验证，当这种药丸的性能稳定，成为一种畅销药以后，姚俊之有了信心，决定离开重松药房自己创业。

1933 年，他开始自立门户，鼓足了勇气，在上海到处推销自己的“乐的能”药丸。有了一定的资金积累后，他又到香港等地展开售药，开辟新的渠道，扩大业务范围和社会知晓度。慢慢地，市场局面被打开了，业务兴旺，资金充足，引发了他更多的创业热情。

1938 年，他成立了“新星西药行无限公司”，把业务做大做强。1941 年，为了扩大生产，实行制作销售一条龙服务，他又购买了一栋德国人的花园洋房，创办了新星药厂，招聘了 100 多名生产工人，常年聘请工程师和药剂师各一人加以指导，保证产品的质量。厂里设置了制药、化验、包装等车间，按照现代化企业的经营模式，开始管理生产。为了应付产品扩展的需要，他还经常招聘季节工，加以短期的培训，作为正式员工的帮手。

随着实力的增强和业务的扩展，他将“新星西药行无限公司”更名为“新星西药厂股份有限公司”，对外正式发行股票，募集更多的资金，还在家乡扬中招聘了一批年轻人到公司里做练习生。这时药厂生产的品种也不断增加，又添了“安琪儿”“美的花”等化妆品，药品也增加了“消法灭定”等新药品。先后生产的医疗药品及大众成药达百十种。

姚俊之在公司的经营上采取薄利多销的做法，扩大产品的影响，把销售广告做到全国的各大中城市和东南亚等地区去，增加了产品的市场份额，逐渐建立了一支稳定的销售渠道，确立了比较雄厚的经济基础，为实现自己进一步的跨业发展创造条件。

1944 年前后，姚俊之见市场争购日货味精，觉得机会来了。他决定以药厂作为基础，开始研制味精。条件成熟后，他在上海武夷路 555 号创办了味精厂，定名为“标准味粉厂”，研制了“九味一”“鲜大王”“味祖宗”等一批新产品，又制造出“鲜大王酱油”“九味一辣酱油”等产品。不久，成立了新的公司，叫“标准味粉厂二合公司”，向全上海的饮食业发放广告，再通过各分销渠道向外地推销，在新加坡等地也打开了市场。一时，“鲜大王”系列产品享誉海内外。后来，考虑到产品的运输不易，姚俊之又到各地办分厂。1948 年，姚俊之随鲜大王厂迁往台北，在台湾也办起了调味品企业，受到台湾各地的欢迎。他还担任了台湾酿造公会的理事长。鼎盛时，姚氏企业的资产达到了 3 亿元左右。1989 年姚俊之回到上海定居，与在此的妻子和女儿团聚。1989 年 4 月因病去世。

虽然姚俊之长期在外，但是他对家乡扬中仍充满感情。他曾自己投资在扬中江岸处开设木行，便于在江堤发生溃塌时，从木行取木构筑加固江堤。

人物启迪

扬中虽然地方不大，但创业的能人不少，姚俊之就是其中的一个。他善于学习，不断提高自己的文化水平，懂得取经，具有敢想敢干的勇气和魄力。他作风务实，从小事做起，稳步推进，不断夯实基础，终于在行业内“星火燎原”。从医药业的实业家，到食品调味品业的“味精大王”，他从不故步自封。姚俊之不断进取，视角从不离开产品的创新，保持了企业的不断更新发展，最终产品的市场占有率大大提高，他也成为食品调味品业成功的实业家。

吴慎裕

上海滩上的『纸老虎』

吴慎裕（1922—2014），浙江省杭州市人。1940 年担任上海志成纸号会计，以后升为代经理、经理。1948 年后担任上海志成新纸号经理。新中国成立前，吴慎裕在上海滩是一个小有名气的“纸老虎”。蒋经国搞“八一九”限价，说吴慎裕的纸号“囤积居奇”，逮捕了他，把他关了起来。他和杜月笙的儿子杜维屏同监狱同号头，一起关了 70 天。

1949 年，吴慎裕担任上海金城造纸厂经理。他放弃了去台湾的机会，留在上海为新中国建设服务。新中国成立后，人民政府在上海大力恢复生产，吴慎裕积极响应号召，把停产 10 年的江明纸厂修复，生产当时急需进口而利润不大的白报纸。在 1950 年华东纸张会议上受到表扬，《新闻日报》用半版篇幅作了报道。

“三反”“五反”运动开始，上海工商界有恐慌现象。陈毅市长派周而复召开会议，召集了 10 多个行业的代表，讲明了方针、

吴慎裕

政策，使大家安定了情绪，对运动有了正确的认识。吴慎裕作为上海纸业的代表参加了会议。他态度端庄，经营的两个企业都被列为“守法户”。他本人还作为上海守法户的代表参加了五一劳动节的大游行。1950 年，他担任上海市纸商业公会筹委、以及上海市工商界代表会议造纸代表，上海市工商联业务委员、工业委员；1951 年担任上海市造纸工业同业公会常务委员、上海市援朝工商界代表会代表、上海市纸交易所筹委。

为了更好地加快纸业的发展，为新中国出力，吴慎裕说服了自己的叔父，到香港去调回 90 万资金，筹备新的纸厂。他响应政府的号召，把新纸厂建在可以就地取材、便于销售的镇江。当时，他在镇江人生地不熟，亲友、同行都劝他把厂建在上海。有个熟悉镇江的同行还给他讲了过去镇江两家纸厂夭折的惨痛教训，劝他不要到镇江办厂。华东工业部的领导找他谈了话，坚定了他在镇江办厂的想法，他毅然来到了镇江，开始筹建大东造纸厂。他说，取“大东”二字作厂名，是希望工厂像滚滚东去的长江水，永远向前。经过一年的努力，成功安装一台园网机，开始生产纸张。

1951 年创办镇江大东造纸厂后，吴慎裕担任过经理、副厂长等职。1956 年公私合营后，他被任命为厂长。他一心扑在工作上，注重设备更新和技术改造，为谋取纸厂的发展尽心尽责。他向上级建议：调用上海、苏州、丹徒 30 多家公私合营纸厂的闲弃打浆、造纸、切纸等设备，无须国家投资，即可使大东造纸厂的生产能力增加 6 倍。得到省、市领导的同意后，他带人到苏州、上海等地拜会过去的老同行，他们听说他来的目的，都很支持，热情地摊开账本，打开仓库，帮助吴慎裕挑选设备，做到随选随运。而这一切，都是无偿调拨的。不到两个星期，在 14 个纸厂中就配齐了可年产 6000 吨纸的 400 吨旧设备。

这些设备运回镇江后，吴慎裕又向上级申请调来 4 名工程师，帮助设计安装，结果当年即投产一台，第二年又上了两台，使 1958 年大东造纸厂的生产出现了大飞跃。从 1955 年的 1015 吨，上升为 1958 年的 6169 吨，1959 年达到了 8462 吨。

1956 年，吴慎裕又给上级提建议，要求将上海江南造纸公司高资分厂的废旧设备，与华东地区 30 家私营纸厂废弃的旧设备重新配套处理，可以使大东造纸厂的生产能力提高 5 倍。他的建议得到了省工业厅领导的支持。由于上海江南造纸公司高资分厂的原厂主抗战时迁居国外，现在处于无人管理的状态，在多方与原厂主联系不上的情况下，该厂被作无主处理。

经省工业厅决定，将高资分厂的两台蒸球、两台锅炉调给了大东造纸厂，一台蒸球、一台锅炉调给了南通造纸厂，其余设备给了无锡利用纸厂，让这些废弃的设备又为新中国的造纸工业做出了贡献。

吴慎裕在 1951 年加入中国民主建国会，历任民建第四、五届中央委员会委员，中央咨议委员会委员；民建江苏省第二、三届委员会常委，民建镇江市第四、五、六、七届委员会主任委员，第八、九届委员会名誉主委；第六、七、八届江苏省人大代表；自 1952 年起担任镇江市历届人大代表，连任 10 届。他还担任了镇江市工商联第一届执委，第二、三届常委，第四、五届副主委，第六届顾问。1983 年 8 月至 1993 年 3 月任镇江市人大常委会副主任。

人物启迪

吴慎裕最初是上海知名的民营企业家，上海解放前夕，他放弃去台湾的机会，心甘情愿留在上海为新中国建设服务。祖国大陆百废待兴之际，他积极响应政府号召，筹资在镇江创办我市历史上第一家生产机制纸的企业——私营大东造纸厂，1956 年公私合营。回顾吴慎裕的经历，我们不仅可感受他炽热的实业报国的情怀，同时也十分敬佩他的胆略。此外，他一次调入 4 名工程师来镇参与建厂，在那个年代即具有重视科技人才的观念，也不同寻常。

第三章

创新人物

刘鹗

民族工商业的先行者

刘鹗（1857—1909），原名梦鹏，字云抟，后更名鹗，字铁云，别署“洪都百炼生”，江苏丹徒人。南宋名将刘光世的后裔。刘光世原籍陕西保安，是宋代名将，南宋初年随高宗南渡，镇守镇江府。刘氏便迁居镇江。刘家的镇江老宅在西城外的上河边，邻近古运河，屋计九间一厢，住着全家 18 口人，这屋是半典半租的，刘家每月须付房租 1800 文，所以刘鹗的祖父鹤桥曾作一联以自嘲：“一十八口之家，嗷嗷待哺；九间一厢之房，月月催租。”

咸丰七年（1857）九月初一，刘鹗诞生于六合县的朱氏外婆家。他 4 岁就在镇江的老宅中跟着包氏姐素琴识字、诵诗，5 岁随父亲居河南汝宁府任所，7 岁又师从镇江著名学者赵君举读书。他天资聪慧，好览群籍，然不喜作八股文，20 岁时曾赴南京乡试未中，作诗言道：“战报刘蕡北，游增杜牧狂。”以唐代有

刘鹗

识之士刘贲下第自比，以杜牧的诗才自负，并不把科举的失落太当回事。

刘鹗 20 岁时开始广交豪俊，著名侠客大刀王五曾是他的好友。王五死后，他顶着压力，为王五收葬。他 24 岁时，师从太谷学派的李光炘，确立了“以养天下为己任”的思想，走上实业救国之路。他的目光从书斋中的甲骨文移开，开始更多地考虑国家的振兴和民族的繁荣等长远大事。

刘鹗是中国民族工商业的先驱者之一。晚清时代，外侮入侵，内政腐败，民生凋敝，激发了他忧国忧民、企求革新的抱负。他一生办过很多企业。其中，在上海办的石昌书店，是中国第一家推行石印技术的书局。

光绪二十二年（1896），他上书直隶总督王文龙，提出在保存国家主权的前提下，通过借外资筑路开矿，以振兴中国经济。

他建议先借用外资的财力，开筑一条以天津为起点、镇江为终点的京镇铁路，加快交通要道的建设，以促进经济的发展。虽然最后此事因火车不能通镇江，实际上只能通到镇江对岸的瓜洲而引起镇江籍的京官大哗，群起反对，以致功败垂成，但也可见其远见卓识。

刘鹗在山西筹划开采铁矿时，曾有一信给罗振玉，说明自己想利用外资开矿，而不伤主权。信中说："近欲可开晋铁谋于晋抚，俾请于朝，晋铁开则民得养而国富也。国无素蓄，不如任欧人开之，我严定其制，令三十年而全路矿归我。如此则彼之利在一时，而我在百世矣。"他想依靠清政府和洋人办洋务，以救国裕民，希冀"欲以渺渺之身转移运会于其间"。1907 年，刘鹗认为浦口将来必为商埠，因此与亲戚朋友集资共购浦口荒地与江中芦洲，准备开发商业中心，显示了他超人的经济开发远见。

后来，刘鹗在北京办过自来水公司、电车公司，在株洲办过炼钢厂，在杭州办过丝织厂，在上海办过织布厂，在天津办过精盐厂等。他还筹议开采金矿，筹营海船，办过肥料厂、香烟厂、报馆、书庄、教育杂志社等。虽然这些企业大多没有成功，但他敢为人先的精神令人赞叹。

刘鹗为人正直，多行善举。1900 年八国联军占据北京时，粮源断绝，全城人民受饥，而俄军却拟将占有的大批太仓米烧毁。他听到这一消息，在征得清政府留京当局同意后，自出重资从俄军手中购得大批米粮赈济灾民。不料袁世凯与他有私隙，便弹劾他"勾结外商，代为抢购浦口土地"，"私通敌军，偷售太仓陈储"，两罪并发，将他遣戍新疆。

刘鹗经济改革的主张失败了，他痛心愤懑，要剖白心迹昭于世人。他要呐喊，宣泄蓄于胸中的郁闷。于是他呕心沥血，在

1906 年写成了《老残游记》。这部小说对景物的描写细致生动，对人物心理的刻画曲折深刻，吸取了西方文学的技巧，融会贯通，饶有创造性。

刘鹗一生奔走四方，却始终念念不忘故里镇江。今淮安刘氏故居的门壁上仍悬有“丹徒刘宅”的木刻。他的所有学术著作都署名为“丹徒刘鹗所作”。他的得意之作《老残游记》的主人公也被他精心安排为镇江人。他号铁公，老残便姓铁，老家住在江南徐州，也就是镇江。他还刻有两枚别号印章，一为“刘武僖王后裔”，武僖王是刘光世死后的封号；一为“天下第一江山渔樵”，都足以反映他虽然足迹遍天涯，却时刻不忘祖籍。

刘鹗非常关心镇江的经济发展，曾在镇江投资开办榨油厂。他生前不止一次回到镇江，徘徊故里，一往情深。他虽然不喜爱八股制艺，却具有强烈的求知欲，涉猎广泛，成为一个深通治河、天算、乐律、辞章和医药等多门学问的饱学之士。

1909 年，刘鹗不幸因患脑溢血症死于迪化（今新疆乌鲁木齐市）。

人物启迪

刘鹗生活于清末时期，是出身于封建官僚家庭的近代知识分子，虽对儒学造诣颇深，但是却不热心功名，走出了一条游离于“学而优则仕”之外的“实业救国”之路。刘鹗一生致力于筑路开矿、兴办工商业。他借外资办实业的思想是为了国家的振兴，虽然受时代局限和自身对国情的认识不清，许多实业都失败了，但其“以养天下为己任”的家国情怀却显而易见。

巴玉藻

中国第一架飞机的设计者

中国航空事业能够拥有今天的辉煌成就，不能忘记一位名叫巴玉藻的蒙古族人，因为是他主持设计制造了中国第一架水上飞机。

巴玉藻（1892—1929），字蕴华，祖籍内蒙古克什克腾旗，先祖是如今的赤峰市克什克腾旗的蒙古族人。乾隆二十八年（1763），巴玉藻的先祖随清朝八旗军下江南镇守镇江。巴玉藻的祖父是一名武官，父亲是蒙古族八旗京口驻防正红旗六甲防御。1892 年 7 月 17 日巴玉藻生于江苏镇江，幼年聪颖好学，13 岁时自往南京投考江南水师学堂。入学不久，即以成绩超众越升一班。

1909 年，前清筹办海军大臣载洵、萨镇冰出洋考察，选拔了一批学生带往欧洲留学。巴玉藻以品学兼优入选，1910 年入英国阿姆斯特朗学院机械工程专业学习。1911 年，清王朝崩亡。巴玉藻相信孙中山的革命道理，坚持勤奋好学。他平时爱读航空书籍，对航空很感兴趣。曾在 1912 年暑假期间，与同学王助凑了

巴玉藻

两磅钱，到温德米尔湖上跟飞行家波特尔试飞了一次，从此与航空结下了不解之缘。

1915 年，国内海军部筹划飞机制造，命留学英国的巴玉藻等9 人转赴美国。他与好友王助等考入美国麻省理工学院航空工程学系。他焚膏继晷，加上底子好，成绩优异，各科均免考，仅用9 个月时间就修完了全部课程，于 1916 年6 月获得航空工程硕士学位，并被接纳为美国自动机工程学会会员。

毕业后，巴玉藻即被寇提司飞机公司聘为设计工程师和通用飞机公司总工程师。他身兼两职，学识非凡，对推动美国初期航空工业的进步发挥了重要作用。这段时间的工作，也使他积累了丰富的经验，坚定了他发展祖国航空业的信心。他在回国后的一次演讲中谈道："我们在美国进厂的时候恰好碰到一个很好的机会……在 1917 年的时候我们觉得，我们很快可以回去创造起来了。我们的建厂计划在这个时间中成熟。”

1917 年秋，海军当局强调“飞机潜艇为当今急务，非设制不足以助军威，非设校不足以育人才而收效果”。这时，巴玉藻认为为国尽节的时机已经成熟，不顾美方重金挽留，与同学王助、王孝丰、曾诒经等毅然辞职回国。11 月巴玉藻等人回到北京，即向海军部请命创建飞机制造厂，深得当局赞许。1918 年 2 月，选定在福州船政局内的飞机厂开张，名称“海军飞机工程处”，北京政府正式任命巴玉藻为主任。我国的飞机制造业由此迈出了步伐。

巴玉藻领导工程处的工作，负责制造飞机和培养制造飞机的科技人才。巴玉藻边工作边教学，从飞机的设计、选料到制造，他都全部参与，甚至穿上工作服与技工们一起干活。就这样，一年多以后，由他牵头设计制造的中国第一架飞机——甲型一号水上飞机，在马尾上空拥抱了祖国的蓝天。甲型飞机共造了三架，其飞机效能不亚于欧美同期的同类产品。

1919 年 8 月 9 日，孙中山先生的侍从武官、航空局局长杨仙逸在马尾海岸亲自试驾了“甲型一号”，人群挤满了平静的福建马尾海岸，飞机在万众瞩目下成功飞起。消息传到北平，当时的中华民国大总统徐世昌特颁发命令，给巴玉藻晋升官阶和工资。

“巴玉藻为人谦虚谨慎，在学业上很有造诣，有学者风度”（曾贻经评语）。他爱祖国，爱科学，热心谋求民族富强，思想进步，在请款失败后，曾提出拟集民间力量，发展配套工业，以提高社会工业水平，其远见卓识深得同事们钦佩。此外，他还以平易近人的作风和一丝不苟的工作态度，赢得了工友们的爱戴。

有了好开端，巴玉藻提出了扩充场所和购置设备计划，“请款 60 余万元，以图多制教练机，养成多数人才，逐渐试造军用飞机，自制发动机，以期达到建设空军增强国防之目的”。这个计划虽然得到北京政府批准，但始终未拨给款项。美好设想被大大地打了折扣，至 1929 年他逝世时，只造出了 6 种型式的飞机 12 架。时人叹其一生“铁砚空磨，多少缺憾”。

1928 年夏，巴玉藻以中国代表团的名义，只身赴德国柏林参加世界航空博览会。赴会期间，他虽人单力薄，却不愿走马观花。他白天参观，晚上绘图，夜以继日，一人做了别国一个代表团的工作。他草绘了各种先进的单翼机图纸，准备回国后设计制作。展览会闭幕后，巴玉藻继续前往英、法等国考察，然后经埃及、印度、日本等地，于 1929 年春回国。

归来后，巴玉藻即感不适，全身酸痛难忍，面部浮肿，有时病情发作，竟痛得从沙发滚到地上，口吐白沫。到底患了何疾？到马尾一家美国人办的医院求治，误诊是小肠炎，后请福州多位中、西名医诊治，均未确定病因。最后，船政局花重金用军舰专程从上海请来法国名医，才诊断为脑部中毒。由于为时已晚，回天乏术。

此毒从何而来？有人怀疑是遭了外人谋害。像巴玉藻这样卓越的科技人才，一心献身祖国航空工业，做出了杰出贡献，自然令人敬仰，也难免为觊觎中国者所嫉妒。巴玉藻逝世时还未满 37 岁，是我国航空事业的一大损失。著名科学家钱学森赞誉他是“中国航空之父”。

人物启迪

巴玉藻是中国航空工业发展史上的创新人才，也是最早“闻名中外”的人。他是试图以科技改变中国命运的佼佼者，尽瘁于祖国的航空工业。他创建了我国第一个飞机创造厂，共建造出 12 架飞机，并代表我国去德国柏林参加万国飞机展览，参展飞机以制作精湛、性能优良而获奖。他曾严拒日本人的利诱，表现出崇高的爱国情操。他矢志强国的奋斗精神、勇于探索的开拓精神、坚持民族大义的献身精神，至今令我们感动。

马建忠

改良主义的代言人

马建忠（1845—1900），中国近现代史上的一个传奇人物。他的学名叫马斯才，字眉叔，江苏丹阳人，成长在镇江丹徒城中一个信奉天主教的商人家庭。父亲马岳熊，在家乡行医经商。二哥马建勋早年受曾国荃拔擢，入李鸿章幕府，司淮军粮台。四哥马相伯是中国近代史上杰出的教育家，是震旦学院、复旦公学、辅仁大学的创始人，有“爱国老人”之誉。

马建忠是最早理性学习西方的中国人之一。第二次鸦片战争后，他因忧愤外患日深，开始研习西学。为了便于直接学习西方各国的文化和现代科学知识，他曾进入天主教耶稣会在上海设立的初学院和大学院当修士，学习拉丁文、法文、英文和希腊文，因此精通多种西方语言，熟悉西方各国的文化。同治九年（1870），他入李鸿章幕府办理洋务。光绪二年（1876），他又被派赴法国留学，就学于法国政治学院，广泛涉猎国际法、商法、

马建忠

西方政治制度，获得法学学位。

马建忠在语言学上最突出的贡献是编撰了《马氏文通》，这是中国第一部用现代语言学理论研究中国语法的著作，也是中国第一部完整、系统的汉语语法著作。19世纪末叶，清政府极端腐败，当时的中国受尽了外国侵略者的欺负，帝国主义的坚甲利炮轰开了闭关锁国的中国之门，也震醒了中国人民，尤其是他们当中的一批爱国知识分子。像马建忠等爱国知识分子开始积极地探索科学救国的道路。马建忠认为，中国贫穷落后的原因与语言也有关系，掌握汉语太难，汉语中的语法规则没有被揭示出来，使得国人“积四千余载之智慧材力，无不一一消磨于所以载道所以明理之文”。这样，想与“达道明理之西人相角逐焉，其贤愚优劣有不待言矣”（《文通·后序》）。

然而我们换个视角去看待马建忠，就会发现这位学者在更多的场合中显然是在扮演一个政治活动家的角色，他和李鸿章有着密切的关系，是中国近代第一批改良主义者的重要代表人物之一，在中国近代社会的洋务筹议中发挥了积极的作用。

马建忠属于早期的洋务派，曾在法国巴黎政治学院攻读外交、法律，又学习矿学，获博士学位。回国后，赏二品衔候选道，一直帮助李鸿章办洋务，多次出使外国，曾去印度协商增加鸦片入关税；与北洋水师提督丁汝昌赴朝鲜，协助该国政府与美国订立通商条约；又与北洋水师提督丁汝昌一起赴朝鲜平定该国内乱，辅助朝鲜国王李熙复位，重新掌握了政权。他还担任过轮船招商局会办和上海织布局总办的职务。

《适可斋记言》和《适可斋记行》是马建忠政治改良主张的代表作。他提出了富民的主张，把富民看作富国的中心和主要出发点，认为“治国以富强为本，求强以致富为先”，积极支持扶植民族工商业的发展。他提出中国商人要办自己的公司，免除国内的厘卡，增加洋货的进口税等主张，还提出要在中国引进外资，修筑铁路，开采矿藏，在当时来说是很有远见的。

马建忠是近代资产阶级改良主义的先行者，是19世纪70—80年代新兴工商业者的代言人。他提出的改良主义的政治要求及发展民族资本主义的主张，在当时的中国历史条件下，具有一定的进步意义，对后来康有为倡导的自由派资产阶级的改良主义变法运动有着不可忽视的影响。

梁启超对马建忠在中国近代社会的洋务筹议中发挥的作用大加赞赏，说他“每发一论，动为数十年以前谈洋务者所不能言；每建一议，皆为数十年以后治中国者所不能易”。能得到梁启超这样的名人如此高的评价，确实是镇江人引以为豪的事情。

光绪十年（1884）二月，李鸿章委派马建忠担任上海轮船招商局帮办，实际主持该局局务。中法战争爆发，法国扬言要“遇船劫夺”，马建忠主持将招商局轮船明卖暗托给旗昌洋行，挂美国旗继续从事运输。清廷严责李鸿章出售轮船未经具奏。李鸿章具奏解释，马建忠为李鸿章背过，做了替罪羊。

李鸿章曾咨询马建忠，政府命他办海军，只给500万两白银，怎样能办得好。马建忠建议借外债办银行、办海军，振实业。后因朝廷部分大臣阻拦，联合美商开办银行之举遂遵旨罢议。

光绪十三年（1887），清廷命李鸿章筹办漠河金矿。李鸿章请马建忠与盛宣怀、李宗岱“速筹议，各抒所见，保荐结实可靠、熟悉矿务干员和殷实商董，妥议试办章程”。马建忠向李鸿章递禀，讨论漠河开矿事宜，他建议：“以戍兵淘金，有偷挖金矿者，亦招入伍，以兵法部署之，不劳役，不费财，可固防，可制敌，内以匪徒之出入，外以杜强邻之窥伺，不数年间，边备益修，军储益裕，当务之急，莫要于此。”同年十二月二十六日，马建忠又与盛宣怀等禀请李鸿章广泛发展内地小轮船，以便利进出口物资。

光绪十六年（1890），马建忠写《富民说》，认为治国以富强为本，求强以致富为先，呼吁实行关税保护政策，讲求土货，增加丝茶等的出口，仿造洋货，织布局生产之布，仅为进口洋布的1/80，应扩充资本，或再立新局，诚得其人，善为创办，不出十年，必有成效；欲致富，莫若开采金、银矿，宁海、招远诸山，可与美国旧金山鼎峙；资本不足，可设立商务衙门，借用外债。李鸿章即命马建忠兼任上海织布局总办，兼综宁海金矿。

李鸿章对马建忠的重用与日俱增，马建忠早已升任招商局会办，似乎就要取盛宣怀的督办而代之，深为盛宣怀所忌。他拉拢与马建忠素不和睦的另一会办沈能虎，共同与马建忠对抗。马建忠请李鸿章委任招商局会办严潆为织布局提调，盛宣怀立即请李鸿章收回成命。接着，盛宣怀再命沈能虎向李鸿章控告马建忠将公款五万两存入旗昌洋行，用“马建忠”私人名字，等旗昌倒闭，又偷改为“轮船招商局”字样，此外，还“挂欠公账一千三百六十余两”。李鸿章在盛宣怀等人的“严峻陈词”、多方敦促之下，始“偶为所动，暂令眉叔离局清厘侵挪各款”，对马建忠的信任开始动摇。

马建忠为贯彻自己的计划，扩充纺织业，欲借银百万两，另设一个织布局，盛宣怀又请李鸿章加以阻止。李鸿章此时也认为马建忠“办事一味空阔，未能处处踏实”。认为马建忠不如盛宣怀、杨宗濂踏实、稳健。其实，李鸿章如能采纳马建忠的主张，举借外债，扩大纺织业，也是很有可能成功的。马建忠得不到李鸿章的继续支持，上海织布局筹款困难，谤声四起，只好将织布局总办一职也让给了杨宗濂。

马建忠从政不通，办企业也有始无终，再退而从事文化事业，建议设置翻译书局，翻译外国的政治、经济、军事、文化书籍，使当权者知彼知己，对外交涉，百战不殆。也终因得不到李鸿章的支持，只能退而从事著作，写成了著名的语法著作《马氏文通》。他逝世时年仅 55 岁，壮志未酬，可谓遗憾！

马建忠对家乡的经济建设也很关注。光绪十九年（1893），马建忠因其子马小眉的私塾老师陶少南和陶捷三的关系，用十万两银子在镇江日新街开办了元同钱庄。陆小波在自创钱庄前就是在元同钱庄里做的练习生。元同钱庄由于经营不善，亏了本息，马建忠把银山门一带的房产卖给了法国天主教堂，得银八千两处理善后。元同钱庄虽然倒闭了，但它在镇江开了钱庄的先河。

人物启迪

马建忠的一生是探求救国救民之道的一生。他痛恨西方资本主义国家的侵略，满怀着悲愤控诉的心情，提醒国人“治国以富强为本，求强以致富为先”，国富首先要民富，提出“保护关税”发展国内工业，并以自己的财力，在徐家汇创办“机器织布厂”，在镇江创办“元同钱庄”。而《马氏文通》则是他搞洋务自强救国遭到挫折后的发愤之作。

茅以升

『中国桥梁之父』

茅以升是中国桥梁事业的缔造者，有“中国桥梁之父”“中国桥魂”之誉。他长期从事桥梁学研究，读书造桥成了他一生最开心的事。

茅以升出身于镇江的名门望族。南宋时期，他的祖先选择在镇江定居。祖父茅谦是位颇有远见的举人，忧国忧民，无意经商，只愿后代早日成材能有建树。他曾是《南洋官报》的主编，在《南洋官报》上发表文章，赞同“戊戌变法”，支持兴办学堂，反对孩子们在蒙馆里死记硬背那些毫无生气、与社会脱节的“四书五经”。他还创办了“养正学堂”和达材师范学堂，致力于师资培训事业。茅以升的父亲茅乃登，当时在江南官书编译局任编辑，也十分赞同兴办新式小学，并在思益学堂担任义务国文老师。他为了在自己家里开一代教育新风，把茅以升弟兄一同送到思益学堂念书。

茅以升

祖辈们对教育的重视与投入，让茅以升从小就受到了非比寻常的教育。他3岁时接受母亲的启蒙教育，5岁读私塾，7岁入思益学堂。1905年入江南商业学堂，1911年考入唐山路矿学堂。曾写过“少年立志，青年成才”8字自勉。他为自己制订了严格的学习计划表，读书时写下了200多本笔记。他常说：“有计划一天10件事可以做好；无计划5件事也完成不了!”他还说：“看一遍不如背一遍，背一遍不如写一遍。人的四肢、头脑越用越灵，不磨炼就会生锈。”每次考试，他的成绩都是全班第一，5年各科总平均分92.5分，为该学堂历史上所罕见。

从唐山路矿学堂毕业后，茅以升被派往美国康奈尔大学土木工程系读研究生。他学而不厌，勤于思考，获得过康奈尔大学优秀研究生“斐蒂士”金质研究奖章。他的博士论文《桥梁桁架的次应力》的科学创见，被命名为“茅氏定律”，他也取得了卡耐基·梅隆大学工学博士学位。1978 年加拿大土木工程学会授予他“荣誉会员”称号。1979 年应邀访问母校卡内基·梅隆大学时，被校方授予“卓越校友”奖章。1982 年被美国国家工程科学院授予“外籍院士”称号。

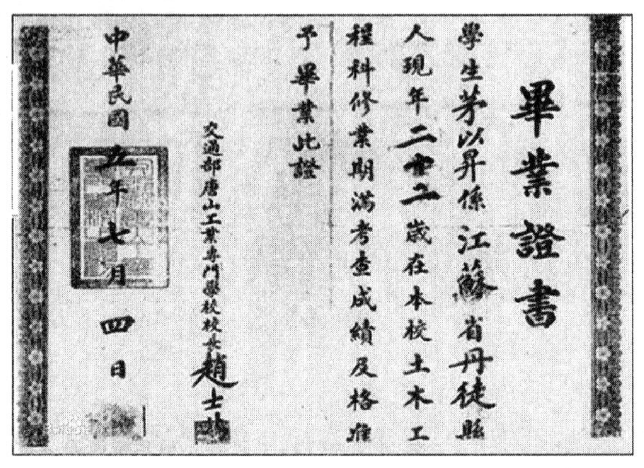
畢業證書
學生茅以昇係江蘇省丹徒縣
人現年二十二歲在本校土木工
程科修業期滿考查成績及格准
予畢業此證
交通部唐山工業專門學校校長趙士[illegible]
中華民國五年七月四日

茅以升的毕业证书

茅以升从小就喜欢桥，跟大人外出，只要见到桥，不管是木桥还是石桥，都要把桥面到桥墩看个够。他翻阅古诗古文时，看到有桥的句段，会抄写在本子上，看到有桥的图画也会临摹。他的父亲感觉到儿子有心研究桥梁，是个有理想的孩子，长大要当桥梁专家，就支持他的志向。

有一次，茅以升听孙中山的演说受到启发。孙中山说，国民革命需要两路大军，一路大军举行起义，建立民众政权；另一路大军则学习西方先进科学技术，改变我国贫穷落后的面貌。听了孙中山的演说，茅以升豁然开朗。他觉得在土木工程各专业中，桥梁一门需要数学和物理的知识较多，施工最艰难，技术最复杂，再加上对秦淮河上事故的印象，他毅然决定选择桥梁专业，立志为祖国的桥梁事业建功立业。

茅以升在美国取得博士学位后，便毅然回到祖国，报效国家。他曾任五校教授、两校校长、两院院长。他摒弃旧的教育模式，推崇理论与实际、科学与生产、读书与劳动、学校与现场紧密结合的教育理念。他总结出的“先习后学，既习又学，边习边学”的学习程式，以及律己的“活到老，学到老，工作到老”的精神，至今仍为许多人推崇。

茅以升博学多闻，治校有方，平易近人，诲人不倦，为贫穷落后的祖国培养了一批又一批的工程技术人才，深受师生爱戴。中华人民共和国成立后，他曾任全国科协副主席、中国科学院技术科学部副主任、中国土木工程学会理事长、北京市科协主席、全国政协副主席等职务。

茅以升最瞩目的荣誉还是主持修建了中国首座自建钱塘江大桥，在中国桥梁工程史上树立了一座不朽的丰碑。钱塘江大桥的建成改变了中国铁路桥梁建设都由外国人包办的历史。1933 年 3 月，在天津北洋大学（今天津大学）教书的茅以升接到杭州发来的电报和长函，要他立即前往杭州商谈筹建钱塘江大桥的事。他在浙江建设厅的一个小房间里开始了钱塘江大桥的筹建工作。当时成立了“钱塘江桥工委会”，茅以升为主任委员。1934 年，浙江省政府成立“钱塘江桥工程处”，茅以升为处长，这个处长一当就是 16 年。茅以升在桥工处办的第一件事便是邀请在美国康奈尔大学桥梁专业的同班同学罗英，请他担任建造钱塘江桥的总工程师。自此两人同甘共苦，成为桥梁事业的好伙伴。他们经过细致勘测和精心设计，拿出了比当时铁道部顾问、美国桥梁专家华德尔更好的设计方案，不顾一批外国工程师的嘲讽，夜以继日地投身到大桥建设中去。

钱塘江大桥全长 1453 米，从江底石层到公路面高达 71 米，是一条公路、铁路和行人共用的双层大桥。当时建设时，钱塘江江面浪涛汹涌，流沙下泻，在这样的江上架桥，谈何容易。茅以升是个有恒心、有毅力、坚持不懈、不畏困难的人。他带领众人精心研究，创造出了一种“气压沉箱法”，把桥墩建了起来。接着，又克服了 80 多个重大难题，成功地把这座大桥树立了起来。可以说，从钱塘江大桥的筹办建造、炸毁，直到复建，茅以升领导了整个过程。他始终以建设大桥为己任，兢兢业业，认真负责，给世人留下了光辉的架桥人形象。

以后，在武汉长江大桥等许多重要的现代化桥梁建设中，在首都人民大会堂的结构设计和审定中，茅以升的造桥技术、经验和智慧都发挥了关键作用。他在武汉长江大桥建设中采用的“管柱钻孔法”，比造钱塘江大桥采用的“气压沉箱法”更先进，在 1956 年葡萄牙举行的世界桥墩会议上受到了各国专家的赞许。他的成就举世瞩目，美国国家工程学院授予他“外籍院士”的光荣称号。

武汉长江大桥始建于 1955 年，1957 年 10 月建成通车，由茅以升担任总工程师。总投资 1. 38 亿元，大桥全长 1670 米，是一个复线铁路、公路两用桥。武汉长江大桥最厉害的地方在于技术过硬，桥下可通万吨巨轮，只要保养得当，使用一百年也没问题，桥墩可承受 6 万吨压力，可抵御每秒 10 万立方米流量、抵抗 8 级以下地震和强力冲撞。

茅以升不仅重视造桥，也很重视造桥理论的总结，编写了多部著作。早在钱塘江大桥建设期间，他就写了不少文章，后来汇为一册，出版了《钱塘江桥》一书。以后，又写过《武汉长江大桥》《茅以升科普创作选集》《茅以升文集》《茅以升选集》

等书，他撰写的《中国桥梁：从古桥到今桥》1976 年用日文出版、1978 年用英文出版，1980 年又用法文、西班牙文和德文出版。他还主编了《中国古桥技术史》一书。

茅以升对家乡也非常热爱，时刻关注镇江的发展。他说：“镇江是个好地方，我为我是镇江人而自豪。”他曾两次回到镇江，与家乡人民一起在伯先公园观赏花灯，共度国庆和中秋佳节，又到二中为师生演讲，勉励青年学生学科学，爱科学，做对社会有用的人才。他还为《镇江科技报》《镇江要览》等题名，为家乡的梦溪园题额，又寻根于五条街草巷的衣胞之地。他去世后，将生前的书籍和用品都捐给了家乡的博物馆。今天，我们在润扬大桥下的茅以升纪念馆中，还可以看到这位科技伟人捐献给镇江的文物。

人物启迪

茅以升是中外知名的科学家、成就卓著的桥梁专家，竟毕生精力，投身祖国建设大业。他自束发就学，便树立了励志图强之心。他一生行事严于律己，讲求实效。在工程创新、学术研究、培养人才及科技普及等方面，创始开拓，奖掖后学，为新中国成立后日益发展的铁路建设事业做出了卓有成效的贡献。

茅以升是一位与时俱进的爱国主义者，他热爱祖国，拥护共产党领导和社会主义制度，矢志不移，充分表现了中国知识分子的高贵品德。这是我国广大知识分子需努力身体力行、发扬光大的时代精神。他更是新时代中国特色社会主义建设者们学习的楷模。

杨其源『中国的爱迪生』

杨其源（1881—1952），回族，字济川，镇江谏壁镇人。7 岁在其长兄执教的私塾里读书，精通珠算，人称算账能手。16 岁去上海南京路高阳里福昌祥洋布号当学徒，20 岁任账房。那时洋货充斥上海市场，国家经济完全操控于洋人之手。杨其源在洋布店服务，为洋人创造财富，心实不甘，决心自学科技知识，走实业救国的道路。他利用工作的空余，自学英语、数学、物理。他还钻研电学，专攻电气原理与电机构造，经常利用业余时间试制各种小电器，并探索镀铜、镀银和镀金等加工技术。

1909 年，洋布店歇业，杨其源回镇江开了一爿电镀店，专营各种首饰镀金和镀银等业务。他白天接业务，晚上干电镀，工作虽累，但从不觉苦，认为自己能将所学知识用于实践，心里觉得很快乐。第二年，他又回到上海，在犹太人办的裕康洋行做账

杨其源

房。因业务关系，结识了威灵洋行职员叶友才和久记木行跑街袁宗耀。每天下班后，三个人就聚到一起，开始进行各种试验。杨其源常对他们谈自己试验的心得，两人听得津津有味，赞赏杨其源的抱负和才干。1914 年，他们三人决定仿制美国奇异公司制造的电扇，遂向亲戚筹借百余银圆，购买了一台仿样机。没有加工力量，他们就请白铁店、铜匠铺、翻砂作坊等协作。电气装配由杨其源自己动手。用了半年时间，试制成功中国第一台电风扇，功能与洋货无异。

制成电风扇后，杨其源去找扬子保险公司经理、上海苏常扬等地电厂的大股东祝兰舫寻求资金支持。这时，祝兰舫正为用户偷电发愁，急需电流限制表，而洋货价格太贵，便恳请杨其源等试制。杨其源经过研究设计制造成功，试用合格，并接受了第一批 2000 只的订单。

为了完成任务，杨其源、叶友才、袁宗耀三人集资200元，雇铜匠2人，在1916年创办了华生电器制造厂（现上海革新电机厂和华生电器总厂的前身）。杨其源亲自指导生产，管理厂务，历5年而未回家一次。其产品可与洋货媲美，而价格仅及其半；产品种类也发展到多种变压器、发电机，各种配电盘及电灯厂所需全套配电设备。1917年，杨其源又设计制造出中国第一台三相交流变压器和直流发电机。1919年，由于生产需要，该厂在周家嘴路购地30余亩，兴建厂房，并向国外购电机多台，以扩大生产。1922年6月，该厂再次扩建厂房40余间，增加工作电机100余台，工人300余人，内部设施更加完善，各种产品日臻精良，生产的8千瓦直流发电机、60安电镀发电机、15千伏安变压器、配电盘、电流限制表等产品，在上海总商会举办的商品展览会获优等奖和金质奖章。华生电器制造厂能一帆风顺地成长，保证质量是一个重要原因。杨其源的儿子杨逸卿曾听父亲常言：“产品有质量，才能有产量；有产量而无质量，就是无产量。”

民国时期的“华德”牌灯泡

电器制造厂步入正轨后，杨其源开始为厂里打造品牌动脑筋。1924年，他重新开始生产电扇。经过潜心研制，电风扇质量不断提升，当年就生产出1000余台后风靡海内外的“华生”牌电扇。产品畅销国内市场，远销南洋、印度等国家和地区。“华生”电扇的问世，打破了美商“奇异”电扇独占中国市场的局面。1929 年，“华生”电扇产量达万台，更使“奇异”电扇在中国市场上的销量大为减少。当时，华生电扇、华通开关、华德灯泡，在上海电器行业中并称“三华”，驰誉全国。不数载，“华生”电扇年产量达万台，有力地抵制了美国“奇异”电扇在中国的销售。

这时经销“奇异”的美商慎昌洋行，想以 50 万元美金收买“华生”，被杨其源拒绝；其后又以降价来挤压“华生”。杨其源奋起抗争，宁肯减产也不降低产品质量和降价销售，维系“华生”信誉。在与美商竞争中，“华生”电扇不仅牢牢地占领了国内市场，而且远销国外。对此，邹韬奋先生以“落霞”为笔名，在《生活》周刊上发表长文《创制中国电风扇的杨济川君》，表彰他自励奋发的事迹，时人称杨其源为“中国的爱迪生”。

“华生”电扇广告

1930 年，经国民政府主管部门审查，杨其源获得电气工程师证书。1931 年，他在上海南翔购地扩建工厂，承接铁道部各种火车用电机、电气。厂内建有大型电机试验室和20万伏高压试验台，并从国外引进部分精密仪器，成为当时国内电机业首屈一指的大厂。

抗日战争全面爆发后，杨其源将200多名职工、2000吨设备和一批原材料，用40艘木船运往汉口。1938年又迁往重庆，生产变压器、发电机、电扇和其他抗日军用品。1945年抗战胜利，他将全部物资运回上海，但此时只剩下200多吨设备，仅为离沪时的1/10，只能惨淡经营。加上时局动荡，通货膨胀，杨其源重振旧业的雄心未能实现。上海解放后，在华东工业部领导下，杨其源改变工厂生产方向，改进企业管理体制，逐步恢复制造交流发电机、电动机和变压器，使生产蓬勃发展，为中华人民共和国成立初期的经济恢复做出了贡献。

杨其源晚年寓居镇江，积劳病疝，行动不便，回居故里。他一生寡言，谈论学术则娓娓不倦；管弦丝竹，无所不能；生活极简朴，虽华生鼎盛时亦蔬食布衣，时以食盐下酒。其收入除工资外，所分红利悉作股票投资发展生产。1952年8月21日，杨其源病逝。身后仅住屋“憩庐”数间，别无他所。

民国时期的“华生”牌电扇

人物启迪

20世纪初，造出我国第一台电扇——“华生”牌电风扇的人，并不是远涉重洋的留学生，而是自学成才的电机制造家杨其源。他从一个洋布店的学徒工，到被誉为“中国的爱迪生”，写下了传奇的一生。他刻苦学习，孜孜以求，百折不挠，付出无数心血和汗水，并承受了巨大压力和风险，但始终崇尚科技，开办实业。他敢于拼搏的创业之路，也是一条勇于争先的创新之路。他将当时先进的科技因素贯注于产品，坚持产品质量，且具有工匠的实干精神，为民族工业做出了杰出贡献，并对当时大众和青少年产生了奋发自强的影响力。

柳谷书

知识产权事业的创始人

柳谷书（1921—2003），字伯禾，江苏镇江人，研究员。1944 年毕业于上海大夏大学（今华东师范大学前身之一）。从事知识产权事业近 40 年，是我国知识产权事业的创始人、先驱者和积极参与者，创办中国专利（香港）代理公司、中国国际贸易促进委员会专利商标事务所和柳沈律师事务所，在我国知识产权领域举足轻重，深受敬重。

柳谷书 1947 年参加革命工作，1956 年加入中国共产党。先后在中国人民银行总管理处人事室、秘书室及中国人民银行总行国外局、办公厅工作，历任副科长、科长、研究员、工会副主席；1961 年任黑龙江省银行国外部经理；1963 年 7 月任中侨委三司一科科长；1965 年 8 月调入中国国际贸易促进委员会工作，任法律处副处长；1975 年 9 月任江苏外运公司副经理；1978 年 8 月任中国贸易促进委员会法律事务部副部长。

柳谷书

1984 年，柳谷书创办了中国专利代理（香港）有限公司，1993 年参加创建北京柳沈知识产权公司，后改为柳沈知识产权律师事务所，柳谷书为首席合伙人。柳谷书是我国最早的知识产权律师之一，他还是中国专利代理人协会的创办者。

1985 年，柳谷书创办了《中国专利与商标》中英文双语季刊，并先后担任副社长兼总编辑、社长。杂志每年出刊 4 期，每期 100 多页，内容包括中国知识产权的现状和中国对知识产权的未来规划，不断向外界传递中国在加强知识产权制度、专利制度建设方面的消息。1987 年他撰写出版《中国工业产权制度介绍》（中英文）一书，向海内外人士介绍中国的知识产权制度。

柳谷书为我国《专利法》的实施和专利代理事业的发展倾注了大量的心血，赢得了极高的声誉和广泛的尊敬。目前国内知识产权领域知名的“柳沈知识产权律师事务所”，其中的“柳”指的就是他。人们对他的评价是“勇于创新，勤于思考，大胆实践，艰苦创业”。

中央书记处书记、全国政协副主席任建新对柳谷书的工作给予了高度评价，称赞他“为人正直、热情、坦诚，他识大体、顾大局，不计较个人得失”。在他的身上，充分体现了为党和国家大局服务的精神、改革创新的精神、艰苦创业的精神。

柳谷书一生做过几件有突出贡献的大事：他为中国知识产权制度的建立特别是专利制度的建立，做出了积极贡献。1973年我国派代表出席联合国世界知识产权组织大会以后，柳谷书和大家一起，起草专利商标法等法律，并与世界知识产权组织建立了良好的合作关系，同其他国家专利机构建立了广泛的业务联系。

柳谷书善于创业，懂得经营。曾根据贸促会的安排，在香港创办了专利代理公司。在其担任董事长期间，专利代理公司取得了很大成就，受到联合国世界知识产权组织和一些国家专利机构的重视。

柳谷书受司法部的委派，创建中国法律服务（香港）公司，多方面开展香港和内地的法律事务，为加强内地与香港法律界的联系和合作发挥了积极作用。

柳谷书按照中央有关领导同志的指示，在港澳办的支持下，广泛团结爱国、爱港的香港法律界和其他各界知名人士，做了许多开创性的工作，成效显著。

柳谷书于2003年9月去世。中国最有影响力的权威时政杂志《瞭望》2004年第6期特别出版了海外专刊《中国知识产权创始人——柳谷书先生》，用整本篇幅，全面回顾，深切缅怀，并高度评价了柳谷书光辉的一生。

人物启迪

柳谷书为我国知识产权制度的建立，特别是为我国专利代理制度的建立和发展做出了突出贡献，他见证了20多年来中国知识产权事业的发展进程。在中国人还不熟悉“知识产权”这个词的时候，他是主张中国建立专利制度的人士之一。柳谷书生前曾经对他的儿子柳传志说过一句话：“一个人有两样东西谁也拿不走，一个是知识，一个是信誉。”而创新就是激活和保护人的创造力，创新更需要专利制度的保驾护航。

吴大观

中国航空发动机之父

吴大观（1916—2009），中国航空发动机科研事业的开拓者、奠基人，中国航空发动机之父。

吴大观的父亲吴翼飞出生在镇江东门外运河边一户农民家，很小的时候就进城投靠新河街上的吴氏宗亲，跟着学做煤炭生意。几年后，吴翼飞在东荷花塘自立门户，做煤炭生意。所以，吴大观说自己“出生于江苏镇江县农村小商人家庭”。

吴大观原名“吴蔚升”，后在投奔解放区的路上，担心被国民党发现，改名“吴大观”。他两岁之前，由居住在皇华亭5号后面王家大宅里的外婆李氏呵护。9岁时他从镇江到江都的沙洲乡下，在农村读了6年小学。

1931年，吴大观小学毕业，到扬州中学读书。在扬州中学读书期间，他对航空产生了兴趣。在校期间，他听过这样的故事：1927年，美国的飞行员查尔斯·林白驾驶一架飞机，从美国

吴大观

纽约到法国巴黎，独自飞越了大西洋，成为名扬四海的英雄。1929 年，中国发大水，那次大水很严重，这个林白驾驶飞机到中国来救灾。还有 1929 年美国海军中校伯德，乘飞机飞越了南极，轰动世界。从那时起，他有了“飞机”和“英雄”的概念。后来，孙中山提出“航空救国”，进一步加深了他的认识。

吴大观对飞机产生兴趣，还因为镇江出了航空名人巴玉藻。他说：“我是镇江人。镇江是长江上的一个码头，对面就是扬州。在历史上出了不少名人。远的不说，近代的有飞机制造专家巴玉藻，就是和王助在一起搞航空、制造飞机的。他们是比我们长一辈的中国航空工业的创始人，是第一代出国学习航空科技的留学生。”

扬州中学毕业后，吴大观准备报考清华大学。但是原定于 1937 年 9 月 10 日的新生考试随着抗日战争全面爆发而取消，他只能回老家镇江。但他心里仍惦念着上学的事。好在当时镇江是江苏省省会，又紧邻南京，消息算灵通。9 月初，清华的南京同学会在镇江的报纸上刊登了有关长沙开学的通知：清华、北大、南开等三所大学在长沙组织了一个大学——长沙临时大学，可以去报名。吴大观和几个同学写了一封信给长沙临时大学。扬州中学在旧社会就已经比较有名了，考清华、交大等名牌大学被录取的学生比较多。学校看他们是扬州中学的毕业生，答复是“你们来，不用考试，可以保送，只要学校写一个证明就行”。于是他和两个同学带着扬州中学的证明到了长沙。他就这样上了长沙临时大学。10 月上旬吴大观离开镇江，抵达湖南长沙，参加了 10 月 25 日长沙临时大学的开学典礼。而他再次回镇江，已经是 1947 年 3 月，整整 10 年之后了。

1944 年，吴大观被选送到美国莱可敏航空发动机厂以设计试验工程师的名义进行深造。在该厂学习期间，从零部件制图到整台发动机设计性能计算，再从部件试验到整机试车，他经过了系统的学习锻炼，仅用半年时间就基本掌握了活塞式发动机设计的全过程，先后掌握了齿轮工艺、工装夹具、刀具设计及其加工技术。后来，他又到美国普惠航空发动机公司学习。学习期间，他对喷气发动机的结构产生了兴趣、当时研制航空涡轮发动机在美国也尚属起步阶段。

1946 年，吴大观加入美国自动车工程师学会（Society of Automotive Engineers，Inc，简称 SAE），开始研究喷气技术，这为他以后从事航空发动机设计工作奠定了理论基础。在美期间，他感到美国人瞧不起中国人，这刺痛了他的民族自尊心。所以他拒绝美国有关单位的高薪聘任，选择了回国。他唯一的愿望是，把在美国学到的航空技术贡献给祖国。

吴大观回国后被安排到贵州大定航空发动机厂广州分厂做筹建厂工作。他看到当时南京国民政府的腐败，深知已不可能再搞什么航空发动机行业，愤然离职。1948 年，他来到北平（今北京市），在北京大学工学院机械系任专任讲师，讲授航空发动机设计及齿轮设计和加工两门新课，受到学生们的欢迎。

1948 年冬，在党组织的安排下，吴大观及其爱人、孩子和弟弟一家四口来到石家庄。聂荣臻亲切接见了他，鼓励他为祖国的航空事业贡献力量。从此，他走上了新的航空救国之路。

1949 年 11 月，吴大观担任重工业部航空筹备组组长。1951 年，航空工业局成立，他投入到学习苏联新的喷气发动机生产工艺中。1956 年，吴大观调到沈阳 410 厂组建我国第一个喷气发动机设计室，开始设计我国第一台喷气教练机动力发动机。经他和设计室副主任多次分析研究有利条件和存在难点后，决定利用 410 厂刚生产定型的涡喷 5（苏 BK－1）发动机为原准机，用相似定律进行缩型设计歼教 1 飞机的动力喷发 1A 发动机。他以勇于创新的精神，与广大工人日夜奋战了 210 天，研制成功了首批 4 台发动机。

1958 年 8 月 1 日，这 4 台发动机装在新设计的歼教 1 飞机上试飞。这台装有喷发 1A 发动机的国产喷气教练机试飞成功，标志着喷发 1A 型发动机胜利诞生。飞机试飞的那一天，叶剑英、刘亚楼专程从北京赶来参加庆祝大会。吴大观总结那段工作时说："新设计发动机方案的选择、走什么途径、承担多大风险，是设计发动机能否成功的重要环节。"喷发 1A 研制初步成功给新机研制闯出了一条路子。

1961 年 8 月，国防部第六研究院第二设计研究所（简称"二所"）成立，吴大观担任技术副所长，主持二所的发动机研制工作和试验基地的建设。他努力探索发动机研制方法和研制程序的新路子，借鉴国外经验，提出研制发动机必须先抓试验设备、测试仪器和测试技术的主张，向上级提出在设计所建设试验基地。经批准后，他在所内抽调有工作经验的技术人员组建了试验设备设计室。后来，又筹建了0307试验基地。

在发动机试验工作中，吴大观主张高精度的温度、压力、振动、应力测量传感器都要立足于国内，自力更生，自己解决。这样，即使受国际封锁，也不会因此影响发动机的正常研制。他抽调一批技术人员，组成仪表设计试验室和强度仪表试验室。在研制初期，为了便于技术人员学习掌握电子技术，他把从美国带回的6真空管长短波收音机拿出来，供他们装拆练习。在试验基地，他不停地进行着大批发动机部件试验，为发动机研制立下了功劳。

在第二研究设计所工作期间，他常常一天工作12个小时以上，没有节假日，以所为家。长年的劳累，使他染上严重的眼疾。在吴大观左眼手术不久，“文化大革命”开始，他又遭受摧残。从那以后，他的左眼永远失去了光明。

1980年年初，吴大观带领技术人员队伍将发动机送到英国罗·罗公司进行高空模拟试车和部件考核试验。他严格按照合同规定，逐项进行试验考核，碰到质量问题一追到底，及时解决，利用较短的时间使我国的高空模拟试验技术得到了提高，为自建高空台提供了技术储备。

他还主持完成了我国第一部航空发动机标准规范的编制。先后主持研制喷发1A、涡喷5、红旗2号发动机，参与领导研制涡喷7甲、涡扇5和涡扇6发动机；又主持制定了中国航空发动机研制领域第一套规章制度和编制了我国第一部航空发动机研制国标《涡喷、涡扇发动机通用规范》《涡桨、涡轴发动机通用规范》及《发动机结构完整性大纲》等文件，为航空发动机研制可靠性提供了技术基础，并出版了11册相当有价值的汇编著作，为中国航空发动机的自主研制做出了贡献。

1982年，吴大观调到航空工业部科技委工作。他先后担任过第三届全国人民代表大会代表，是中国人民政治协商会议第五、六、七届全国委员会委员，中国航空学会理事，辽宁省航空学会理事长。1991年，国务院表彰他为“为发展我国航空工程技术事业做出突出贡献的专家”，1992年，航空航天工业部授予他“有突出贡献专家”称号。

人物启迪

吴大观为我国航空发动机事业贡献了毕生的心血和才华，被中共中央总书记、国家主席、中共中央军委主席习近平称为“中国航空发动机之父”。他一生只执着于一件事，那就是为我国的战鹰装上一颗“中国心”，保卫祖国的万里长空。航空工业出版社出版了吴大观生前的自传，书名即为《我的中国心》。吴大观的“中国心”是激励新时代无数人的“正能量”。

周志宏

中国现代冶金之父

周志宏（1897—1991），江苏丹徒人，冶金与金属材料专家，中国金属学与金属热处理的带头人之一，中国合金钢与铁合金生产的奠基人之一。他 1917 年进入北洋大学预科，1923 年毕业于北洋大学矿冶工程系，获工学学士学位。因学习成绩优异，深受该校矿冶系主任、美籍教授施勃理器重，经他的推荐，周志宏去美国南芝加哥炼钢厂工作，掌握了炼钢技术。

1925 年秋，周志宏进入美国匹兹堡卡内基理工学院学习，获冶金硕士学位。在论文答辩会上，他的才华引起了在该校讲学的哈佛大学著名教授苏佛的注意，同意他到哈佛大学攻读博士学位，并由苏佛亲自指导。在哈佛大学学习的第一年，他研究了“不同冷却速度对亚共析钢魏氏组织形成的影响”，取得创新的研究成果。同年，获哈佛大学工程师学位。

1927 年，周志宏在美国哈佛大学完成了“钢中魏氏组织形

周志宏

成的冷却条件及形态”的研究，接着他又揭示了纯铁在高速冷却下形成马氏体的过程。其论文被载入著名的《美国矿冶学报》，周志宏也由此获得了哈佛大学科学博士学位。

随后，苏佛推荐他到美国国家钢管公司劳伦钢铁厂任研究员。该厂给了他一个关于“消除钢管表面缺陷”的课题。时未经年，厂方主管工程师意外地收到了周志宏的研究报告，惊愕不已，遂另眼相看。不久厂方获悉他执意回国，再三挽留，但被他婉言谢绝。

1929 年秋，周志宏返回中国，担任南京国民政府兵工署兵工研究委员会助理委员。1930 年，他担任兵工署下属的上海炼钢厂厂长。在厂里将 15 吨酸性平炉改为碱性平炉，并利用江南造船厂废置的 1 吨电炉，生产出了高质量的炮筒、炮弹壳、枪筒等军用钢。同时，还在国内首次用铸造法生产出了自 60 ~ 800 千克等不同规格的炸弹弹壳（国外一般用压延法制造）。他为了提高合金钢产品质量，曾在合金成分配置、减少杂质和产品质量检验上花了很多精力。同年，他还成功研究出了中国最早的大型铸锻件，完成了钱塘江大桥的桥梁、桥座铸造和加工任务。

1935 年，周志宏被派往欧洲检验进口钢材及考察钢铁工业。出国两年间，他在欧洲考察了洛克林、克虏伯、百禄及普达等著名钢铁厂。1937 年“七七”事变发生后，他立即返回筹备汉阳铁厂复工。因日本侵略军迅速进逼武汉，汉阳铁厂等均准备内迁四川，复工计划未能实施。当时兵工署在重庆成立了材料试验处，他任该处技正（总工程师）兼处长，1942 年，兵工署第二十八厂成立，他又兼任厂长。

钢铁材料

1938—1946 年，他领导的材料试验处和第二十八厂主要研制和生产国防与民用急需的高速钢、冲模钢等合金钢和铁合金。1943 年，在周志宏的组织领导下，一座自行制造的 400 千伏安硅铁炉在第二十八厂安装成功，每月可产硅铁 10 吨。后来又增加了拉丝模具钢、高碳钢毛坯、铬钢、钨钢、弹簧钢、弹子钢等产品，在开拓中国合金钢及铁合金方面做出了重要贡献。尤其是试制钨粉、高速钢、高合金工具钢和试制钨铁，均填补了20世纪40年代国内的空白，使第二十八厂成为西南后方的合金钢生产基地，被誉为抗战中中国军工的“心脏和大脑”。1947年，他应南京国民政府交通部之聘，筹办该部技术研究所。

新中国成立后，周志宏从南京回到上海。1952年，他任交通大学机械系主任兼金属热处理教研室主任，创办金属学及热处理专业，兴建了氧气顶吹转炉炼钢实验室，指导研究生和青年教师开展了一系列有关氧气顶吹转炉炼钢法的研究（如水力学模拟试验、热模拟试验、烟气除尘及其回收试验等）。并将上钢一厂一座5吨侧吹转炉改为氧气顶吹转炉。1955年，他当选为中国科学院学部委员，后改称中国科学院院士。

1958年他任冶金系主任，成功研制出中国第一台高温金属显微镜。1960年，他首先提出氧气顶吹转炉炼钢法，在其组织下，建成中国第一座年产30万吨的氧气顶吹转炉，发展成为年产100万吨钢的氧气顶吹转炉炼钢车间。1978年又提出了顶底双吹氧转炉炼钢法。1983年，他着手研究金属材料短缺补偿途径的可行性。当时他已年近90，还亲自指导进行直接还原研究。

周志宏从教近50年，先后担任重庆大学、南京大学、大同大学等校教授，特别在交通大学任教的39年间，除任教授外，还担任教研室、系、学校领导工作，承担了繁重的科研、教学任务。1951年他受重工业部委托，在上海举办了理化检验短训班，为中国培养了第一批检验技术骨干。他的学生遍布全国，他为中国培养出了一大批冶金、机械科技人才。受到周志宏培养的科技人员如肖纪美、徐祖耀、方正知、郑执信、张岭楠、郭树楠、谢家兰等，后来都成长为知名学者、专家。

交通大学专设“周志宏奖学基金”，表彰他为中国冶金事业的贡献。他先后担任交通大学副校长，全国热处理学会理事长，第二、三、四届全国人大代表，第五届全国政协委员等。

人物启迪

周志宏之所以成为我国现代冶金之父，首先是因为他具有胸怀天下的爱国精神，一生以振兴中华、富强国家为己任，为祖国科学事业的发展而奋斗。在美国获得哈佛大学的博士学位后，他放弃美国的优厚待遇，执意回国投身冶金建设。同时，他具有脚踏实地、积极探索的创新精神。他和同事们在开拓我国合金钢及铁合金方面做出了重要贡献，填补了20世纪40年代国内的多项空白。新中国成立后，他又有一系列重大发明创造，促进了现代化冶金工业的发展，提升了产品质量。他还具有培养人才的奉献精神，他从教50年，为我国钢铁冶金研究和人才培养做出了杰出贡献。1987年，他捐出自己多年的工资积蓄2万元设立“周志宏奖学金”基金，每年颁发一次。更有价值的是，他用毕生奋斗的经历给莘莘学子留下了宝贵的精神财富。

后　记

经过近一年来的检索、整理、编辑，《镇江百年创业人物传奇》终于要结集出版了。作为编者，既感欣慰，看到了努力的成果：又感不安，毕竟对百年创业人物的选择，整理和定稿对我们来说是一次新的尝试，可供比对的参照物太少。

尽管我们向网络搜索，向数据库调阅，向典籍查找，向方志、档案部门求证，都收获不多，即使原以为会有较多人物线索的研究镇江地方性丛书中，也缺少我们所需要的内容。唯有从《镇江文史》这样非正式出版的资料汇集性书籍中，能找到一些当年实业家人物的回忆文章，并从他们文章的字里行间找出我们需要的素材，重加编排整理。

《镇江百年创业人物传奇》分三章，第一章是“金融巨子”，主要是对镇江大银行家创业过程、行业影响的描述。第二章是“创业名人”，主要从兴办实业的角度，揭示镇江实业家们创业的过程、业绩和对社会公益事业的贡献。第三章是“创新人物”，主要从引领行业的角度，推介对社会的经济发展做出特殊贡献的镇江名人。

该书编辑的目的：对百年创业人物的资料进行系统的整理，宣传他们的实干精神、大胆创业的勇气，以及爱国、爱乡的情怀，弘扬全社会创业的正能量。同时，我们也注意客观地对待历史创业人物，对在当时历史条件下有创业勇气、不凡业绩和重大社会影响的特殊人物，如唐寿民、吴蕴斋等，尽管他们曾走过歧路，受到惩罚，但都属于改过自新的人物，从存史的角度，我们进行了如实的记录，为后人研究镇江百年创业史提供借鉴。

鉴于史料的缺乏，我们对一些在镇江创业史上也有留名的人物未能选录，如光绪年间创办同茂永蛋厂的王西星，盐商徐宝山，祖籍镇江的如皋巨商陈聘之，天津大陆银行董事贾颂平，中国银行董事、上海造币厂厂长罗鸿年，创办丝绸厂的张勤夫，闻名上海滩的皮货商人姜钟麟，中南银行稽核处长裴延九，中南银行的总监核马式如，桐油富商胡子明，百货公司商人杨公崖，慈善实业家严作霖，镇江自来水公司经理李韧哉等，特此说明。

还有一点需要说明的是，本书收录人物的范围，重点是改革开放前创业人物的作为，改革开放和改革开放以来的创业人物，如柳传志等先进事迹，则是另一本相关书籍的选录内容，不在本书的选录范围内。

由于编选人物的史料多不彰，百年来少有《百科全书》类似的权威书籍刊载，并给以编选人物精准的地位，加之参编人员的水平局限，因此，书中难免存在问题，恳请读者和从事镇江创业史研究的专家指正，以便将来再版时做进一步的修改、完善。

该书在编辑过程中，得到了社会各界的关心和支持。镇江市委副书记、市长张叶飞在百忙中抽出时间为本书作序，镇江市人社局领导孙沛然、吴志龙和镇江市历史文化名城研究会副会长赵康琪对本书的文稿进行了具体的指导，镇江就业管理中心、镇江创业大学对本书的成稿给予了大力的支持，镇江市图书馆学会理事长徐苏应邀承担了本书的编辑事宜。镇江市图书馆文献开发部主任彭义、馆员于萌为本书成稿内容的积累提供了资料检索。同时，我们在选录相关人物时，也参考和引用了镇江历史文化名城研究会专家王礼刚、张峥嵘、张大华、王荣，以及镇江文史专家薛龙和先生相关文章中的部分内容，在此，一并表示衷心的感谢！